KIKYŌ
ook of Changes

人を導く最強の教え

『易経』

「人生の問題」が解決する64の法則

小椋浩一
Kouichi Ogura

日本実業出版社

人を導く最強の教え『易経』

「人生の問題」が解決する64の法則

小椋浩一

はじめに

『易経』は、今流行の成功法則に比べたら、非常識な考え方かもしれません。しかし、紀元前からずっと語り続けられてきたノウハウです。「時流に乗る者は時流により滅ぶ」という真理の裏で、**三千年もの歴史の波を経て生き抜いた『易経』には、決してブレないものがあります。**

『易経』の教えをしっかり理解し、正しい手順で実践すれば、驚くべき結果が待っています。

筆者の毎日も、学ぶ前と後ではまったく違うものになりました。仕事や家庭など、人生全般における悩みや迷いが消え、一つひとつが納得のいくものとして輝きはじめたのです。これは、一〇年以上『易経』を学び続けてきた筆者の実体験です。

本当だろうか……あなたがそう思うのも無理はありません。もちろん、考え方を変えただけで、急に運が良くなるわけではありません。タネ明かしをすれば、**幸運と不運の扱い方を変え、自問自答してあらかじめ納得のいく答えを出せるようになった**だけです。でも、それだけで私たちの人生は大きく変わる。それが『易経』の説く内容です。

筆者はかつて担当した事業に失敗し、職場に居場所を失いました。自分はダメなリーダーだ……自分の人生はもうダメだ……。まさに真っ白な灰でした。そんな失意のなか『易経』に出会い、自問自答の日々を重ねるうちに、気づかされたことがあります。

真っ白な灰のなかには、『易経』の説く未来への希望があったのです。


まずは、人生の本質を考え抜くところからはじめました。

本質を考え抜くとは、「そもそもそれは何か？」という問いに答えることです。


そもそも「人生」とは何か？

人生は、決断の連続です。食べたものが身体をつくるのと同様に、われわれが行った決断が人生をつくります。人生を幸せなものにできるかどうかは、すべて自分の決断にかかっているわけです。ＡＩがいくら発達しても、決断だけは人がやらねばなりません。

決断を間違えたくないから、できればあらかじめ未来を見とおしたい……。この切実な想いこそが、『易経』の原点です。

紀元前の中国の王たちが、その重い決断の責任を果たすために、持てる財力・権力を駆使してまとめさせたノウハウの集大成が『易経』なのです。今の私たちは幸運なことに、本としてその成果をそっくり手に入れることができます。

では、人生を大きく左右する「幸運・不運」とは、そもそも何か？

『易経』によれば、幸運・不運は天の循環で表裏一体のもの。人が思いどおりにできるものではありません。落ち葉がひらひらと、表と裏を見せながら舞い落ちるようなものです。**人ができるのは、幸運をできるかぎり長持ちさせ、不運をできるかぎり最小化すること**だけなのです。不運を「天災」、その後のまずい対応が招く不幸を「人災」と呼んで区別するならば、**天災は避けられないが人災は避けられる、という考え方です。**

そのためには、幸運・不運を予測する術《すべ》が重要になります。『易経』では、まず「陽と陰」の二進法に基づき、その6乗にあたる（2^6＝）**64パターンの状況の変化を想定**しました。さらに、そのそれぞれに時間・空間、成長段階や立場の違いなどの多様性にも対応すべく、六段階の構造でさらにストーリー化したことで、（64×6＝）384もの決断のパターンができました。

これにより、**幸運・不運の変化をある程度予測し、それぞれのパターンに対する最適な対応を準備できるようにしました。**

不運をあらかじめ予測せよとは言っても、心配ばかりしながら生きるのはイヤですよね。

でも、後悔するのもイヤですよね。

どちらがイヤですか？

後悔するのはつらいです。「後悔先に立たず」とは言うものの、もし前もって「後悔」することができたならば、被害を最小化する「予防」ができます。ここで言いたいのは**「後悔を先にしましょう」**ということです。

起こってしまったらどうしようもないことでも、起こる前になら何とかなります。起こる前なら、できる手立てもまだ多いうえ、その準備に時間もかけられるのです。

最後に、そもそも「幸せ」とは何か？

それは「自分の生き方に対して自分自身が納得できること」、つまり**「自分の人生を自分自身で決められること」**そのものです。

その定義からすれば、社内で昇進すること、成功者だと賞賛されること、金持ちになってちやほやされること、これらはすべて「幸せ」には当てはまりません。それらはすべて、「他者が決めること」だからです。

その理解を助けるため、本書では、たとえ話として悲劇もたくさんご紹介します。すべてを投げ打ち、人間関係や健康を壊してまで夢を達成した人の、「自分の幸せはこれではなかった……」という悲しい末路は、決して少なくありません。

幸せになるには、まずその最終評価を他者に委ねないことが必要なのです。

そのためには、**自問自答を習慣にしましょう。**それに使えるのが、まさに『易経』なのです。

『易経』の準備した問いに対して自問自答する習慣をつければ、これから起こることに対してあらかじめ準備ができます。そうすれば、**紀元前以来の先人たちと同じ失敗を繰り返すことがなくなるとともに、先人たちが獲得した成功パターンも再現できるようになります。**

歴史上でも、『易経』に学んだ先人たちが周りの人々を幸せに導き、それを通じて幸せな人生をまっとうしました。『易経』は名言やたとえ話が豊富なので、指導者として「幸せとは？」といった抽象的な考えも人に伝えやすくなります。

また、もし求められれば、占いで未来に起こり得るパターンを「見える化」し、起こり得る未来への準備について一緒に相談することもできるようになります。『易経』の構造を理解すれば、「易占《えきせん》」についてもひととおりの知識が得られるからです。

この本を手にとってくださった方々が、自らを、そして人を幸せに導き、それによって未来への希望を描けるようになれば、本当にうれしく思います。

人を導く最強の教え『易経』 目次

第二章　つながる

第三章 成功する

第四章 良いリーダーになる

第五章 出世する

第六章 財を増やす

第七章 危機に備える

カバー・本文デザイン　新井大輔
DTP　八木麻祐子（装幀新井）
　　　一企画
企画協力　株式会社ブックオリティ

EKIKYŌ
易経
The book of changes

序章

『易経』には、この世界で起こり得るすべてが書かれている

経営者の本棚には、なぜ『易経』があるのか？

『易経』へのチャレンジ

『易経』に興味を持っていただき、ありがとうございます。

『易経』を理解すれば、運などに左右されない、ブレない判断軸を持つことができます。それができれば、たとえ「人生の冬の時期」が来ても上機嫌でいられ、自然体かつ準備万端で来たるべき春を待つことができます。

もしあなたがそのようなブレない大人《おとな》になれたなら、部下や後輩、生徒や子どもたちなど、**まわりの人たちにとっても安心して頼れる存在になります。**となれば、リーダーとして先輩として、指導者として親として、まわりの人たちをもきっと幸せにできます。

もし真剣に「そうなりたい」と志されるなら、ぜひ一緒に『易経』という巨山に挑みましょう。ただし、長い道行きになります。覚悟してください。

「経営者の本棚には、なぜ『易経』があるのか？」と聞かれることがあります。それはやはり、組織のトップともなれば、決断の重みが違うからでしょう。さらに人事や事業買収・売却など誰にも相談できない案件もあり、自分独りで決断せねばならない場面もあります。だから『易経』に答えを求めるしかない、という「経営者の孤独」が理由として推察されます。

『易経』に学ぶ現代のリーダーと言えば、京セラやＫＤＤＩの創業者で日本航空の再建にも尽力された稲盛和夫氏が有名です。同氏が次世代の経営者育成のために開設した「盛和《せいわ》塾」（二〇一九年の解散後は有志による別称での自主活動化）には、筆者の師匠の講座も設けられました。

筆者の師匠とは、『易経』研究家の竹村亞希子先生です。中国古典『易経』を、占いではなく古代の叡智として研究・発信されています。多数のご著書もあり、講座も人気でファン層も広く、最近では元プロ野球監督で大学教授も経験された栗山英樹監督が、師匠にファンレターを送られています。

栗山監督は二〇二三年度日本代表〝侍ジャパン〟をＷＢＣ（ワールド・ベースボール・クラシック）大会で世界一に導いたことでも知られ、理論派と言われる選手起用に加えて、長期視点での地道な選手育成に定評があります。実際、日本代表チームのメンバーには、「二刀流」で名高い大谷翔平選手をはじめ、直接育てられた選手たちが多く含まれ、目覚ましい活躍をしました。

とくに、大谷選手が「世界一の選手」と言われるほどの大きな成長を遂げるまでには、当時日本ハム監督だった栗山監督による「二刀流での育成」の提案や、それによる高校卒業時のスカウトの成功など、『易経』からの学びを思わせる興味深いエピソードの数々がありますので、また後述いたします。

ほかにも、日立製作所フェローで今や「ミスター・ウェルビーイング」と称され、働く人々の幸福度の向上を目指し、デジタル技術の活用に取り組まれている矢野和男氏や、医学博士として「腸内フローラ」「メタボリックドミノ」などを一般に分かりやすく広められた慶應義塾大学医学部の伊藤裕先生など、第一線で活躍される経営者や研究者、医師などたくさんの方々が『易経』に学ばれています。

このように、多くの尊敬すべきリーダーが学ばれる『易経』には、やはり〝何か〟がありますす。リーダーであれば、どんな困難にあたっても、ブレずにフォロワーを導かねばなりません。科学者であれば、この世界の成り立ちと今後の可能性を何としても解明するとともに、一般にも説明して理解を広め、実際に活かされるようにしなければなりません。ともに人智を超えた領域への先んじたチャレンジだけに、彼らは孤独です。頼れるのは己の判断力と決断力のみ。将来をしっかり見据えてブレない判断軸を定め、決断すべき時にきっぱりと決断できるような、**ブレない軸としての志（Will）**が求められます。

そのように人類の進歩を導く方々がヒントを求めるのが、『易経』なのです。

歴史を学ぶ意味

歴史を学ぶ意味は、人類の考え方のブレない軸とともに、変化した部分も知ることにあります。

日本史上の偉人たちも、『易経』からの学びを活かして人々を導き、それを生きがいとして奮闘し、大きな成果を挙げました。

室町時代初期に創設された足利学校が『易経』をはじめ儒教を広めたことで、「一休さん」など当時の知識人がその教えを大いに学んでいます。戦国時代になると、そんな知識人のなかから各武家に顧問的性格をもって迎えられる人々が増え、易占だけでなく軍配すなわち軍隊の配置や進退など、今で言うコンサルタントのような指導者として大いに活躍し、「軍師」などとも呼ばれました。

さらに江戸時代には、徳川幕府が朱子学を推奨したことで『易経』はさらに広まりました。そもそも朱子学の祖である朱熹《しゅき》（一一三〇～一二〇〇年）は『易経』の研究に熱心で、『周易本義』『易学啓蒙』などの解説書も残しています。

そして幕末には、西郷隆盛や徳川慶喜をはじめ、明治維新に功績のある人々が『易経』を学んでいます。このあたりの学びと実践と成果に関しては、本書のなかでも改めてご説明します。

『易経』を語り継いだ、「本」というメディアの素晴らしさにも着目しましょう。本は文字という伝達手段で、先人たちの思いをほぼそのままのかたちで私たちに伝えてくれるのです。さらにその本が書かれた背景を知り、その前後の流れも踏まえれば、なぜその時にそういう考え方に至ったのか、も推察できます。

そして、それを今の時代の自分がどう感じるか？

共感できない部分があれば、それはその時期にしか通用しなかった一過性の考え方です。一時の流行などは、所詮は時流でしかありません。

一方、時代を超えて環境が変化したにもかかわらず、今でも通用する部分があるとしたら、**それは時代の流れに左右されない「人類のブレない軸」である可能性があり、「自分のブレ**

ない軸」を見つけられるヒントもあるわけです。

しかしながら、『易経』は難解なことでもまた名高いものでした。

『易経』が難解な理由は、「いかに生きるか。われわれの生きるこの世界はどのようなものなのか」という難しい問題に挑んだものだからです。

それだけに『易経』は内容も深く、本文も難解です。未解明な部分や新発見もまだまだ多く、そもそも全体としてどれだけの体系なのか、研究者もいまだつかみきれていない、という謎多き書なのです。

『易経』は、この世界のすべてを書こうとした

『易経』という巨山に挑む際の注意点と三つのアプローチ

『易経』に挑まれる前に、注意点を共有させてください。

まず『易経』は巨山だと申し上げました。その山の高さと道の深さは計りしれません。本書では「入り口」までお連れするのがやっとです。これだけで「分かった」というゴールに達することは、とてもできません。

筆者自身も何度も遭難しかけたのではっきり言えますが、『易経』をカンタンに理解したい」という安易な気持ちは、この段階できっぱり捨ててください。**「散歩のついでに富士山に登った人はいない」**という言葉どおりです。

以前、ある高校生から「これ一冊読めば人生が理解できるという本を教えてください」という質問を受けたことがあります。彼はすぐさま「虫の良過ぎる話ですね」と反省したようです。それと同じ過ちだとご理解ください。

この本は、筆者が六〇年近く人生の吉凶を味わい、ビジネス含めさまざまな修羅場経験も

経たうえで、『易経』の師匠に一〇年学び、ようやくたどり着いた「入り口まで」の道筋を、皆さんのような同志に向け、なるべく分かりやすく共有しようという試みです。

まずは、先人たちが『易経』に挑んだ道筋からたどっていきましょう。それは主に「古典」「科学」「哲学」という三つのアプローチです。

「古典」からのアプローチ

『易経』は紀元前の書が元型になっており、著者も諸説あるうえに一人ではありません。基になる概念を伝説の王、伏羲《ふっき》がつくり、周の文王《ぶんおう》や周公旦《しゅうこうたん》、孔子など、後の偉人たちが連綿と解説を追記したと言われるのをはじめ、さまざまな歴史の波を経て今に伝わりました。

その表記は、日本では漢文、中国では繁体字という、ともに古文なので、まず解読が必要です。とくに漢字は音を表す表音文字であり、かつ意味を表す表意（語）文字でもあるため、その示す意味合いが多様です。

たとえば、文章のなかに「中」とあっても、それが「中心」を示すのか、「中くらい」を示すのか、はたまた「国中」なのか、前後の文脈から推測するしかありません。

さらに、『易経』のさまざまな解説文は、漢字の「多義的」で多様な含みをあえて持たせて説いている面もあります。メッセージとしては、「それらすべての意味合いを包含し、俯瞰して、広く複雑な体系全体を押さえよ」という深い意味も込められているのです。そもそも『易経』の教えは、**「この世界のすべてから学べ。とくに目前の自然から学べ」**なのです。

この一〇年、筆者は易経研究家の竹村亞希子先生に師事してこの道に挑みました。が、どうやら残された時間で山頂まで到達するのは難しいと悟りました。よって、何としても皆さんを入り口まではお連れするべく、この本では、古典の読み解きについては「面白く、かつためになる」部分のみを厳選して紹介するにとどめます。

原文表記や古語解説などは思いきって省きます。『易経』本文に挙げられているたとえ話なども筆者がその意味をかみ砕いて、現代のわれわれに親しみやすい表現に直して紹介します。そのほうが話も早く、集中力も保てるからです。

「科学」からのアプローチ

次に、「科学」からのアプローチです。

『易経』は、紀元前の「世界四大文明」の一つ「黄河文明」における四書五経の筆頭に挙げられ、「東洋最古の書」と言われます。科学が身近ではなかった時代にこの世界を解説した本ですから、今で言う百科事典やウィキペディアのようなものです。

実際に『易経』は、「陽（⚊）と陰（⚋）」の二進法で世界のすべてを分類整理しようとしました。現代世界の分析に使われるコンピュータが、0と1の二進法で組まれていることを思えば、シンクロニシティ（共時性、意味のある偶然の一致）の神秘を感じます。『易経』の二進法による精緻な分類体系は、「世界中の物理学者を魅了する」ものとも言われています。


たとえば、一日は「陽と陰」により「昼と夜」の二つに分けられました。さらに二つ掛け合わせた「陰陽、陽陽、陽陰、陰陰」により「朝、昼、夕、夜」の四つへ、そこからさらに細分化されていったものが時間になりました。

次に、一年は「夏と冬」の二つから、さらに「春、夏、秋、冬」の四つに分けられたことで、これが季節や暦になりました。

そして四方を「東、西、南、北」に分けたことで、方角ができました。

これらは、すなわち数学に、そして地理学、天文学、気象学へと発展を遂げます。さらには動きやエネルギーを「陽と陰」に分け、「押すと引く」「強いと弱い」などに分類したことが、物理学にもつながりました。

科学からのアプローチには、こういった優れた面がたくさんあります。

しかしながら、その一方で「科学はいまだ、いかに生きるかという問いに答えきれていない」という面もあります。よって科学からの道も、筆者には遠過ぎるものと感じられました。

もちろん、そのような未知なる道を切り拓く科学的アプローチに挑まれている方々の研究には興味深いものがたくさんありますが、本書では、かえって皆さんを迷わせてしまうことのないように、難解な理論なども思いきって省きます。

そもそも最初に詳し過ぎる説明をされると、かえって混乱しますよね。結果として興味まで失ってしまいます。いわゆる「デカルト発想のワナ」です。例としてよく挙げられる「目隠ししてゾウをなでる」という寓話があります。

昔、ある国の王様が、目隠しをした家来たちに、

はじめて見たゾウを触らせてみました。

すると、ゾウの足に触れた家来は、「ゾウとは柱のようなものだ」と言い、

ゾウの耳に触れた家来は、「大きなうちわのようなものだ」と言い、

ゾウの尾に触れた家来は、「ヘビのようなものだ」と言い、

ゾウのお腹に触れた家来は、「壁のようなものだ」と言いました。

ゾウを知る前に、「足が柱のようで」「耳がうちわのようで」「尾がヘビのようで」「お腹が壁のようで」……など部分ごとに説明されると、いつまで経っても全体のイメージは浮かばず、かえって混乱してしまう、というお話です。

また、「科学」と聞くとテクノロジーのイメージが強いですが、もともとアリストテレスの時代の「科学」は「科目がたくさんある」「多くの科目に分類して研究を進めるもの」といった意味だったそうです。そのようなことからも「科学」には多くの分野があり、いわゆる理系科目だけでなく、人文科学や社会学など文系と言われる科目も含まれます。

科学自体の定義としては、筆者は次のように理解しています。

「アートとは人間の技のことで、サイエンス（科学）とは神の技（御業）を知ろうとすること」

その意味では三つ目のアプローチとして、「すべての科学の根っこ」と言われる「哲学」の面からのアプローチもあります。

『易経』は、この世界のすべてを書こうとした

「哲学」からのアプローチ

『易経』に対する哲学からのアプローチは、物事の根本を「太極」と位置付け、それを「陽と陰」という二種類の局面を表すところからスタートしました。

四分類の「陽陽、陽陰、陰陰、陰陽」を人生にあてはめれば、**「ずっと勢いがある」「勢いがあったが衰えていく」「ずっと低調」「低調だったものが勢いを得ていく」**といった四種類の流れを表すことができます。

さらに、もう一組の「陽と陰」を加えて三本線にしたものが、「卦《か》」と呼ばれる2×2×2の八つです。その八つの卦に、自然現象を象徴した「乾、兌、離、震、巽、坎、艮、坤」という卦名とともに、「天、沢、火、雷、風、水、山、地」という自然の効用のキーワードも付けられました。

このように二進法で分類していくことで、内面の好不調だけでなく、外部環境の幸運・不運、人間関係や組織同士の力関係など、人生で起こり得るあらゆる要素を分類し、一つひとつについて説明することができるようになったのです。

これがやがて**図1・図2**のように、三本線で一組の卦をダブルで重ねた六本線が用いられるようになりました。

図1　易の六四卦

坤（地）☷	艮（山）☶	坎（水）☵	巽（風）☴	震（雷）☳	離（火）☲	兌（沢）☱	乾（天）☰	上／下
地天泰 P.301	山天大畜 P.231	水天需 P.221	風天小畜 P.53	雷天大壮 P.266	火天大有 P.149	沢天夬 P.135	乾為天 P.202	乾（天）☰
地沢臨 P.177	山沢損 P.236	水沢節 P.50	風沢中孚 P.139	雷沢帰妹 P.218	火沢睽 P.283	兌為沢 P.85	天沢履 P.258	兌（沢）☱
地火明夷 P.112	山火賁 P.243	水火既済 P.45	風火家人 P.81	雷火豊 P.251	離為火 P.119	沢火革 P.170	天火同人 P.99	離（火）☲
地雷復 P.132	山雷頤 P.185	水雷屯 P.58	風雷益 P.253	震為雷 P.262	火雷噬嗑 P.165	沢雷随 P.212	天雷无妄 P.195	震（雷）☳
地風升 P.240	山風蠱 P.157	水風井 P.180	巽為風 P.93	雷風恒 P.173	火風鼎 P.161	沢風大過 P.123	天風姤 P.298	巽（風）☴
地水師 P.287	山水蒙 P.69	坎為水 P.144	風水渙 P.228	雷水解 P.275	火水未済 P.40	沢水困 P.129	天水訟 P.272	坎（水）☵
地山謙 P.76	艮為山 P.126	水山蹇 P.279	風山漸 P.106	雷山小過 P.247	火山旅 P.63	沢山咸 P.90	天山遯 P.294	艮（山）☶
坤為地 P.207	山地剥 P.269	水地比 P.192	風地観 P.153	雷地豫 P.224	火地晋 P.115	沢地萃 P.190	天地否 P.290	坤（地）☷

図2　卦の名前

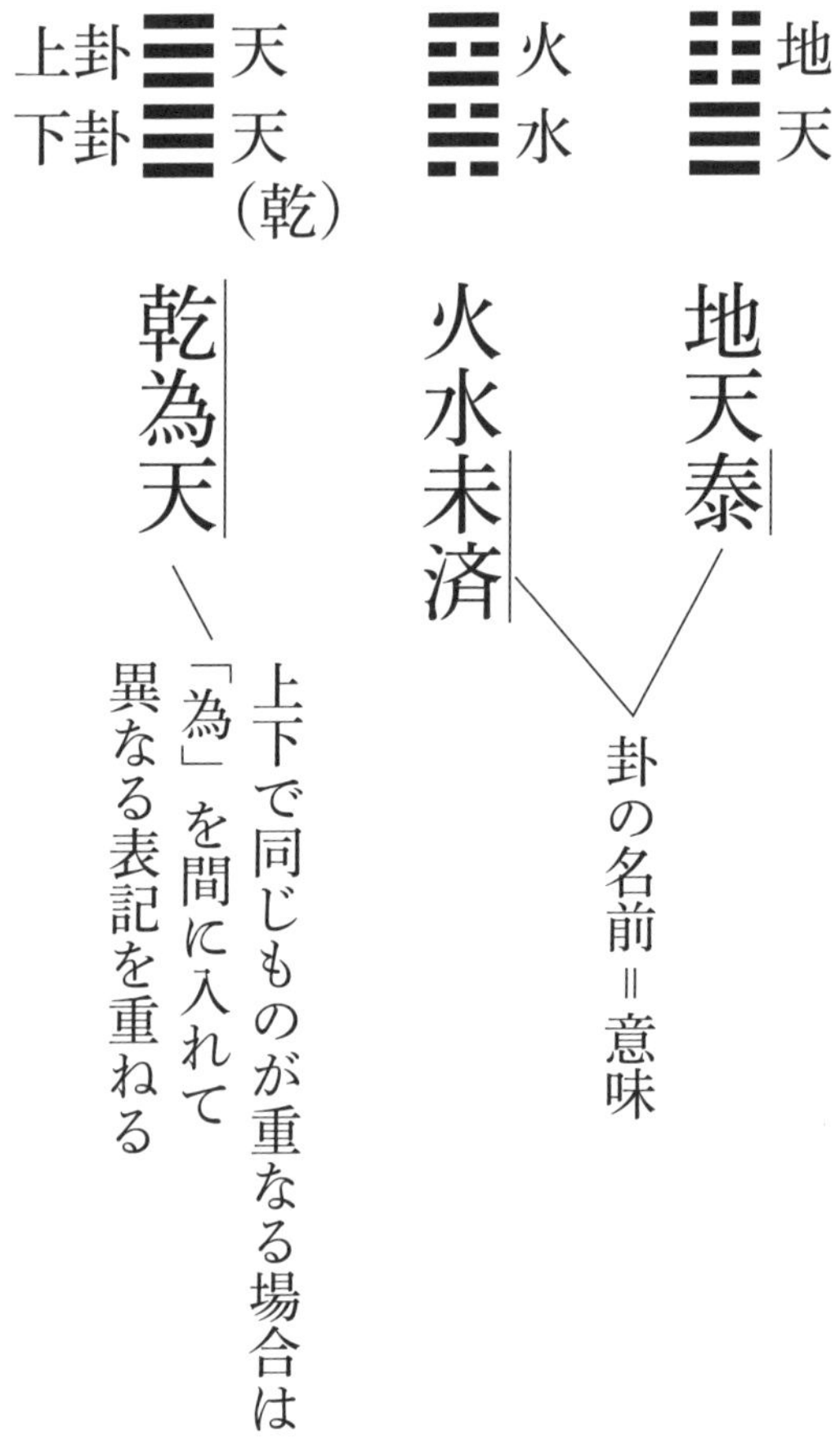

それが易者の口上として有名な「当たるも八卦《はっけ》、当たらぬも八卦」です。それは8×8の六四とおりなので、より多くの局面についての、それぞれの特徴を詳しく表せるものになったのです。

「占い」と聞くと「非科学的」なものではないか、と不安になる方もいらっしゃるかもしれません。が、そもそも科学が未発達な時代において決断を迫られた為政者たちにとっては、その手がかりがたとえ「非科学的」なものであっても待ったなしでした。そして、為政者たちの強いニーズに応えて決断の指南役となったのが「易者」です。今で言う経営コンサルタントのような専門職にあたります。

　この面からも、「なぜ経営者が『易経』を読むのか」の理由がうかがえます。

　しかしながら、これほど科学が発達した現代であっても、この世はまだまだ分からないことだらけです。とくに未来は確実には予測できない。それどころか、今の時代などは変化の激しさから「予測不能の時代」「答えのない時代」だとまで言われます。**それでもリーダーには、決断が求められます。**

　とりわけ「待ったなし」の場面では、決断の内容以前に、間に合わないという最悪の事態をまず絶対に避けねばなりません。頼れるものならたとえどんなものであっても頼るしかない、頼らざるを得ない、いっそ思いきって頼る、と言ったほうが間に合わないよりよほどマシなのが決断責任というものです。

　そもそも「非科学」や「神秘」のリスクは、悪用や軽々しい使い方など、あくまでも使う側の問題です。当然、善用もできるはずで、ましてやそれ以外に頼るもののない時には、「最後の救い」になる可能性すらあります。だから、現代でも科学を超えた手がかりはなくならないばかりか、時と場合によってはとても必要とされるのです。

「経営学の実践」からという、もう一つのアプローチ

科学の発展に伴って現代の経営コンサルタントの手法も、コーチングやファシリテーション、マーケティングなど、大いにレベルアップしています。筆者の所属する企業の経営企画部でも、いまや外部のコンサルタントは不可欠なパートナーとなっています。その面から、もう一つのアプローチに気づきました。

仏教で悟りを開く道にも、出家がメインではあるものの、在家というアプローチもありますよね。そこからヒントを得て、筆者も経営の実践現場から『易経』へのアプローチを試みるようになりました。

大学を卒業して電機メーカーに入社し、さまざまな実践経験を経て、五〇歳過ぎになって大学院で経営学も学び直しました。そのうえで改めて、経営戦略や組織運営、なかでも次世代のリーダー育成などの人材開発に従事しています。その現場では、人と人との関わりのな

かでこそ人を導く『易経』が活かせる、という有難さをひしひしと実感しています。

もちろん『易経』は難解なので、そのまま相手に示すという使い方はできません。大きな問題に直面した際、夜一人『易経』を開いて自問自答し、そこに学びを見出す日々です。その悩みが大きければ大きいほど、「分かった！」という瞬間は格別で、まるで頭のなかの霧がさっと晴れ、目前に美しい光景が広がるような爽快感が得られます。それをぜひ同志の方々と共有したいものです。

知れば知るほど理解が深まるフラクタル構造

時には『易経』のあまりの難解さに挫折しかけ、逃げたくなることもあります。『易経』が難解な理由の一つに、その哲学部分が合理的な体系と捉えづらい、という点があることにも触れねばなりません。

同じ話が何度も出てきたり、まったく異なる別の箇所に違う文脈で使われたり、当然語られるはずのことが該当箇所になかったりなど、一見てんでばらばらに見える面があります。そのため、「分かった！」と思った後ではぐらかされたり、前の理解を否定するような逆説が出てきたりなど、しばしば混乱させられます。

図3　フラクタル構造：代表例「コッホ曲線」（ヘルゲ・フォン・コッホ考案）

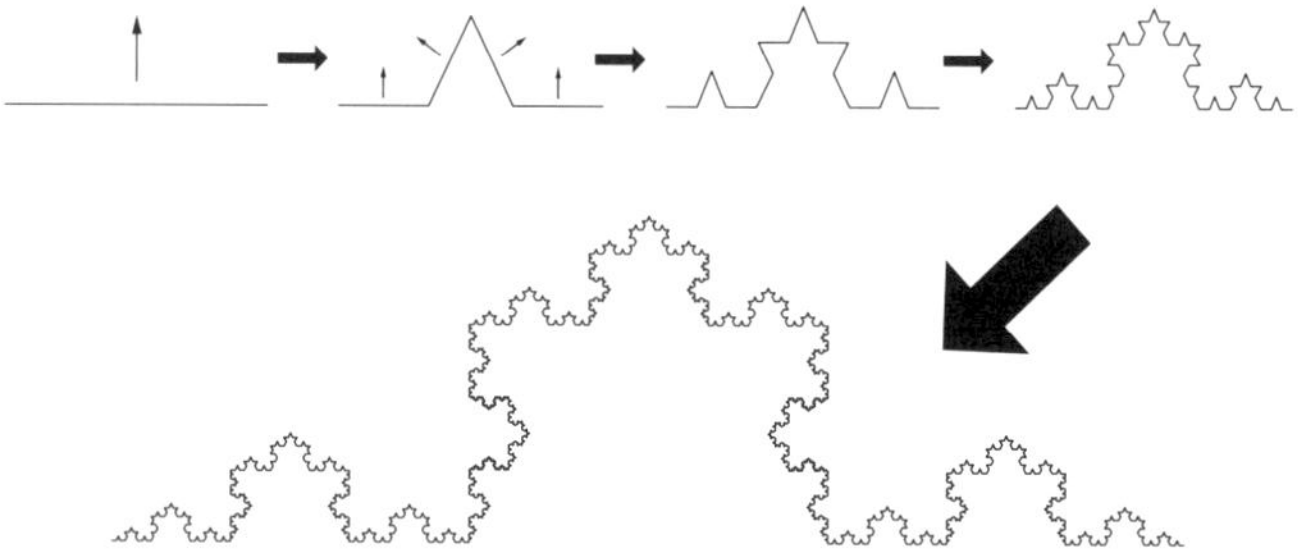

（出所：ニッセイ基礎研究所ホームページ）

これも、合理的にシンプルにスピーディーに物事を理解したい層、とくに経営者や研究者などにとっては、「難解である」という印象を受ける理由です。

じつは『易経』の、とくに哲学的な部分は、「フラクタル構造」のような複層構造なのです。これを頭に入れることで、筆者の理解はずいぶん進みました。

「フラクタル（fractal）」というのは、図3のような図形で、「自己相似性」と言われるような「図形の全体をいくつかの部分に分解していった時に、全体と同じかたちが再現されていく構造」（ブノワ・マンデルブロ考案）です。分かりやすく言うと「同じ図形が繰り返し現れる構造」です。

現代では、学校でもビジネスでも「合理的」であることが良いとされ、もれなくダブりなく、精緻な全体の体系がつくられたうえで、効率よく知識が得られるようデザインされることが要求されています。

が、その一方で、精緻にデザインすればするほど先述した「デカルト発想のワナ」にはまりやすい、という弱点も否めません。

加減乗除と微積分と幾何を覚えても、「では、数学とは何か」の問いに答えられない……。地理と科学と古文の知識を頭に入れても、「では、学問とは何か」の問いに答えられない……。

だから、そのまま知識だけを増やしても「目隠ししてゾウをなでる」の状態にとどまり、個別の知識は増えても一向に「生きるとは何か」「われわれの生きるこの世界とはどのようなものなのか」といった問いに答えられない……。

それではいつまで経っても、「いかに生きるか」の問いには答えられないのです。

というわけで、この本ではまず「易の六四卦」をひととおり、すべてさらっていきます。勘の良い方なら、はじめの段階で本質的な要素をつかめるかもしれません。一方、いくら読んでも全然つかめない方も多いでしょう。そう、かつての筆者のように。

でも、ご安心ください。『易経』は「フラクタル構造」になっていますから、「個が全体と同じ」であるとともに「全体が個と同じ」です。つまり、一を知って全体を知ることができるとともに、全体を知ることで一の意味も分かります。

ですから、一つだけを見ても分からない場合は、一度、全体をひととおり見とおしたうえでまた最初に戻れば、はじめよりはるかに理解が進んだ実感が得られるはずです。

もし一周しても分からない場合は、もう一周「六四卦」すべてを読み直してください。それを何度も繰り返すうちに、かならず「分かった！」という境地にたどり着けます。筆者がまさにそうで、それに一〇年かかったのです。

いったん分かれば、後は早いです。「フラクタル構造」の特徴と言われる「強さ」がまさにそこにあります。何しろ、一度基本形を覚えたら忘れませんし、いくらでも応用でき、無限に広げていけるのですから。そうなればきっと、**「いかに生きるか」についての自分のブレない軸も見えてくることでしょう。**

『易経』という巨山に挑む

『易経』という巨山に一緒に挑んでいただけるような、同時代に生きる同志の方々は、現代にもたくさんいるはずです。そういう同志たちを『易経』は、**「龍徳ありて潜《ひそ》む者あり」**と記しています。

そう、あなたのことです。

筆者も、あなたに向けてこのガイドブックを書いています。なるべく分かりやすく、さまざまなたとえ話を現代語に置きかえ、現代に通ずるエピソードも交えながら、筆者の得た『易経』からの学びを一つひとつ共有していきます（なお、本来の六四の卦には正式なナンバリングがされていますが、本書では人を導くリーダーに必要な要素順に並べ替えています。そのため本書の各卦のナンバリングは正式なものでなく、単なる説明順です。一方『易経』の正式なナンバリングには深い意味がありますので、この本で全体像を捉えたら、改めてそちらの解説書にチャレンジしてください）。

では、一緒に『易経』という山に挑みましょう！

『易経』は、この世界のすべてを書こうとした

EKIKYŌ
易経
The book of changes

第　一　章

成長する

01

火水未済

［かすいびせい］

未完成で終わる時。反省で終えよ、の意。
「六四卦」の最後に
これが位置付けられている。

仕事が完成に近づいたら、次の新たな展開に備えよう

「六四卦」の最後に、なぜ「未完成」を示す卦が置かれているのか？

「未済《びせい》」は未完成という意味です。『易経』六四卦の最後に置かれているのには、深い意図がうかがえます。この卦には、小ギツネの寓話が添えられています。

小ギツネが、大きな川を渡ろうとした。
尾を濡らさないで渡るのは無理かもしれないと思ったが、自分なりに頑張って、
尾を水の上に立てたまま、ほとんど渡り切る寸前まで至った。
しかし、そこであやまって、大事な尾を水につけて濡らしてしまう。
尾が濡れたら重くなる。もう泳げない。渡るのは無理だ。

大きな川に挑もうとする意気込みは、良い。
でもそのためには、しっかり準備することが必要なのだ。
自分の至らない点を恥じ、深く反省しなければならない。

小ギツネが、未熟と準備不足ゆえに渡河に失敗する話からはじまります。でも、決して悲劇では終わりません。小ギツネの今後の成長が行間からも示唆されますし、最終的には渡れることも予想されます。その心は、「未」の文字に込められています。

「不」「無」「非」ではなく、「未」

もしもこれが、「不済」や「無済」や「非済」だとしたら、どうでしょう？

「……結局ダメに終わった」というバッドエンドです。濡れて重くなった尾のために、小ギツネが溺れ死ぬ話になっていたかもしれません。でも、これは「未済」。まだ終わっておらず、「未熟」を反省して次に進めばいい、成長せよ、という教訓です。

「この人はまだ、これから成長し、成熟する可能性を持っている」というマインド

こういった、相手の可能性を信じ続けるマインドこそ、とくに人を導く立場の人が持つべき「ブレない軸」ではないでしょうか。

英語でも「education（教育）」の語源は、ラテン語の「引きだす」という説もあります。つまり、「相手の可能性を引き出す」という意味が込められているわけです。その具体化の意味で、もう一つ重要な教訓がここにはあります。

最後に反省で終わる

「反省」とは、しっかりと自分の未熟な点を振り返り、改善すべく次の準備につなげることです。現代の経営学でも効果的な学習方法として、内省（反省）を軸とした「経験学習サイクル」が提唱されています。それは図4の四つのプロセスで構成された「循環論」です。

これは、アメリカの哲学者であるジョン・デューイによる次の考え方に基づいています。

図4　経験学習サイクル

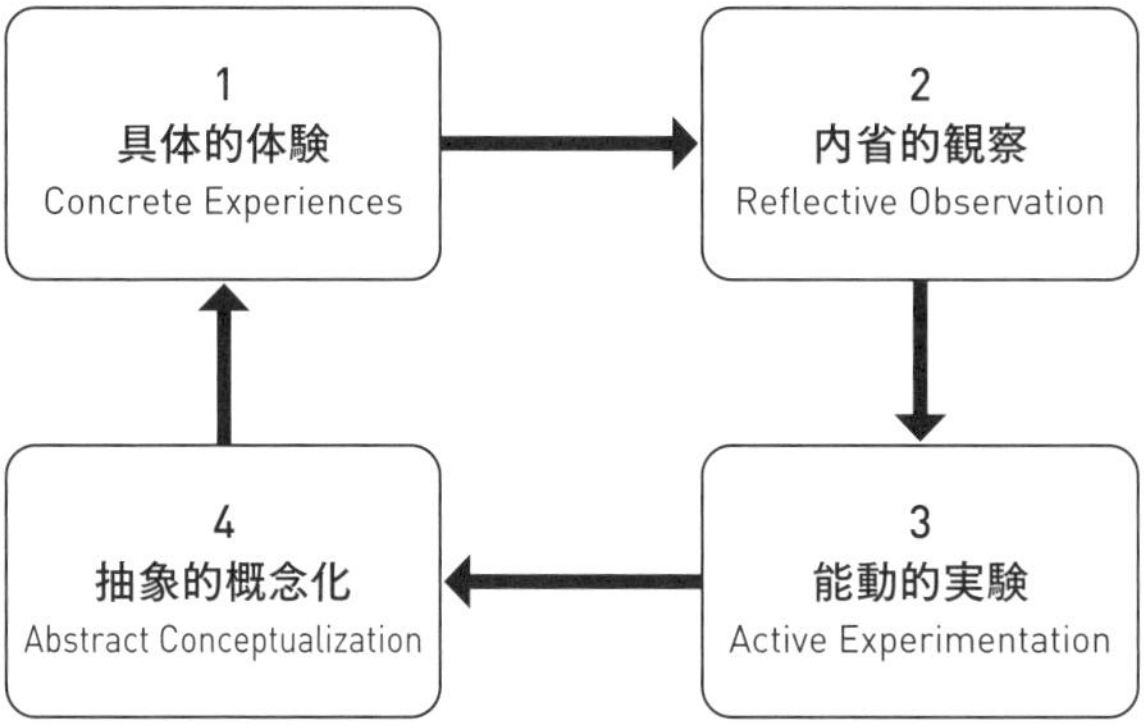

中原淳・中村和彦（2018）をもとに筆者作成

「私たちは経験から（直接）学ぶのではない。経験（experience）を内省（reflection）する時に学ぶのだ」

つまり、経験と学びの間に「内省」というプロセスを介することで、学びの質が高められる。ひと言で言えば、**「反省が次の新たな成長につながる」**ということです。

ここから、なぜ「未完成」を示す卦が『易経』の最後に置かれているのか、についての理由もうかがえます。そもそも『易経』の陰陽も、「経験学習サイクル」と同じく「循環論」です。陰と陽が相対しながら、永遠に移り変わり続けていく。「六四卦」もまた、この卦で終わらずまた最初の卦に戻り、永遠に循環していく。それが「成長する」ということなのです。

「永久の未完成、これ完成である」（宮沢賢治）

自分の未熟さに気づくことは、新たな希望でもある。何ごとも努力すればきっと通じる。

その心構えがあれば、大きな川だって渡れるのだ。それが「火水未済」のメッセージです。

問い

あなたにとって、いまだに完成しないこととは何ですか？

02

水火既済

［すいかきせい］

すでに整って完成する時。
完成は乱れのはじまりでもある、の意。
01「火水未済」とは対の関係にある。

成果に満足せず、ほかでも通用する新たな学びに目を向けよう

「終わり良ければすべて良し」ではない

『易経』は、この世の終わりを想定していません。**世界は永遠に変化し続ける、**という「循環論」だからです。この点でブレがありません。だから「完成」をどう捉えるかと言えば、そのものの出来栄えより、**達成感の裏にある当人の「油断」や「慢心」の心配です。**

世の中は変化し続けます。ある環境に最適だったものは、環境の変化とともにズレが生じます。**ビジネスにおける「過剰適合」のリスク**です。

レコードがCDに置き換わった結果、レコード針は売れなくなりました。それがいくらトップメーカーの優れた商品であっても、です。このように、ビジネスにおける環境変化は残酷です。その変化に対応できない事業は、もはや世の中から必要とされません。

一八一一年から一八一七年頃のイギリスで起こった、「ラッダイト運動」と呼ばれる機械破壊運動も同じでした。産業革命で繊維工業の機械が発明されて職を失った手工業職人たちが起こした悲しい暴動です。何が悲しいかと言えば、それがあまりに無意味だからです。**進んでしまった時計の針はもう戻せません。**変化を拒みムダな抵抗をするより、変化に合わせて対応を変えるべきです。それができる人ほど成長し、どんどん状況が良くなっていくのだと、『易経』は説きます。

したがって**「終わり良ければすべて良し」**で満足するな、ということです。平らになればいずれ傾く、整ったならいずれ乱れる、その運命は目に浮かぶように予想できます。

だからこそ、**「完成を見て慢心するな。余計な欲をかくな。すぐ次の準備に取り掛かれ」**

という教訓になります。これは「治《ち》にいて乱を忘れることなかれ」（平和になったからと油断するな）という警句です。この卦の願いは、われわれ自身の絶え間ない成長だからです。

仕事で一人前になったからといって、すぐ独立や転職をしようとするな

一つの仕事をやり遂げた、一人前になった、といった達成感はすぐに欲に変わります。「自分には、もっと良い仕事があるのではないか？」「もっと待遇の良い会社があるのではないか？」と考えるようになります。これについても、『易経』は戒めます。ぐっと我慢せよ、思いとどまれ、と。それはなぜか？

完成とは過去の話であり、まだ次への準備は整っておらず、さらに慢心のリスクまであるからです。

「リーダーシップ・パイプライン」というリーダー育成のアプローチがあります。アメリカのGE社やディズニー社などの取り組みで話題になりました。企業が発展を続けていくために、必要となるリーダーを内部育成していく仕組みです。

内部育成は日本企業では当たり前ですが、アメリカの企業ではむしろユニークで、進歩的な取り組みです。それらは単なる模倣ではなく優れた発展形であり、ロジカルに定義付けて進められている点において、逆に日本企業にとっても学びの多いものです。

「優秀なスタッフをマネージャーに昇格させるのはリスクだ」という考え方もその一つです。まず、スタッフとして優秀だからと言って、マネージャーとしても優秀であると、果たして言えるのでしょうか？　決してそうは言えません。職種が全然違うからです。

スタッフは、与えられた仕事を自分できちんとこなすことができれば、成果と認められます。一方、マネージャーは、自分の仕事をこなすだけでなく、仕事をほかの人に任せる役割があります。ですから、仕事の与え方の質が問われますし、部下をいかに育てるか、その成果が問われるのです。

つまり、優秀なスタッフを昇格させることは、下手をすれば優秀なスタッフを一人減らして未熟なマネージャーを一人増やすことになり、会社にとって大きなリスクです。本人にとっても、スタッフの時は優秀だと褒められたのに、マネージャーになって突然「未熟だ」と叱られたら、モチベーションを落としかねません。『易経』も、まさにその点を指摘しているのです。

ほかでも通用する新たな学びに目を向けよう

『易経』は成長のステップとして、昇進や昇格、独立や転職自体は否定していません。タイミングが大事だ、と言っているのです。では、それはいつが良いのでしょうか？

学校の卒業式も、終わりではなく新たなスタートでもありますよね。企業の昇進昇格制度にも、「卒業方式」と「入学方式」があります。前者は現職の成果で昇格させる方法、後者は昇格先の要件に適合するかどうかの評価で昇格させる方法です。『易経』は後者の「入学方式」を勧めます。つまり、昇進や昇格、独立や転職の準備とは、今の仕事を完成させることや現職で一人前になることよりも、新たな仕事に向けた学びが十分にできたかどうかだと言います。

以上のとおり、この卦はわれわれの成長を長い目で見つめるがゆえに、「仕事が完成しても、心は常に未完成でいる」心構えの大事さを説いているのです。

問い

「うまくいった仕事」で次に活かせるどんな学びを得ましたか？

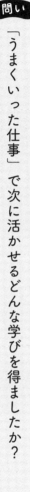

03 水沢節

䷻ ［すいたくせつ］

節度、節制、節目の時。
節を大切にすれば大きく伸びることができる、の意。

大きく伸びるためには、節度をもって振り返り、十分な準備を

「節度」こそ、リーダーが持つべき徳の一つ

美味しいからと言って甘いものを食べ続ければどうなるか？

このような分かり切ったことを、われわれは忘れてしまいがちです。われわれ人間は、目先のことに集中すればするほど、大所高所から「鳥の目」で全体を俯瞰するという大事な視

点を忘れ、目先のみの「虫の目」でしかモノが見えなくなります。だから『易経』はその大切さを、何度も問いかけます。

「人間も物事も節を設けることで成長する」（竹村亜希子）

「節」と題されたこの卦では、リーダーにとってのブレない徳である**「節度や節目を重んじる」**ことの大切さを、次のようなたとえ話も用いながら、われわれに問いかけます。

太い立派な竹は、節があるからこそ折れずに成長する

竹の強さは、その柔軟さにあります。強い風に吹かれても、しなやかに応じることで折れずに成長できます。

節のない竹は、失敗経験のないリーダーと同じです。成功より失敗のほうが学びは多く、人を強くします。たとえその時は伸び悩んでも、その部分が硬い節となり、次の伸びを支えます。伸び過ぎてヒビ割れたとしても、硬い節の部分がヒビの広がりを食い止めます。

尺取虫《しゃくとりむし》が身を屈するのは、さらに伸びるためである

ただ背伸びをしているだけでは、成長し続けることはできません。大きな成長のためには、節目節目で、伸び過ぎているかもしれない、弱点がまだあるかもしれない、と自分を振り返り、意図して力をためる時節を設けるといいでしょう。節目を振り返る大切さは、小さな尺取虫が頑張って進んでいる姿からも学ぶことができるのだと、『易経』は説きます。

これらの教訓こそ、01「火水未済」で紹介した「経験学習サイクル」と同じ発想で、われわれのさらなる成長を促すものです。

問い

あなたには、失敗を振り返る習慣がありますか?

04 ䷈ 風天小畜

［ふうてんしょうちく］

いったん足止めされる時。
だが、それは次の展開への
貴重な蓄えになる、の意。

思ったほど成果が出なくても、絶対に言い訳をしない

人生における「降りそうで降らない雨」を待つ時の対応

この「小畜《しょうちく》」の卦では、「密雲雨降らず」という印象深いたとえ話が挙げられています。「農家が待望する雨を降らす分厚い黒雲が出て来たというのに、なかなか降らない」という、何ともどかしい状態です。これは想定外のちょっとした停滞期を想定したもので、その際の

リーダーの心得を説く卦です。

停滞した時にこそ、隠していた本音がポロリと出てしまうことがあります。

大きなピンチであれば、緊張もし、心配もし、そのために集中力も発揮されるので判断の間違いは起こしにくいものですが、反対にちょっとした停滞に際しては、思いどおりにいかぬイライラから冷静さを失いがちです。とくにリーダーの立場であれば、自分の進めている事業が停滞したなどと言われれば、プライドを傷つけられます。

痛恨の失言

今でも悔やまれますが、筆者自身、まさにこういった場面で痛恨の失言をした経験があります。それはかつて、新規事業の拡大が思うようにいかなかった場面です。

いくら手を打ってもなかなか売上が上がらない、見込客も見つからない。一方で費用はかさんでいく。売上が上がらないために、開発担当者も増やせない。けれども、お客様からのご要望は増え、対応すべきことも増える一方です。各担当から悲鳴が上がります。とうとうスタッフから、こんな反発の声が上がりました。

「あなたの言うとおりにやったからって、売れるんですか？」

部下の前で批判され、筆者のメンツも丸つぶれです。が、何とか気持ちを抑えました。「いいからやれっ！」などと怒鳴ってしまったら、さすがに終わりだと思いましたので。

そのような苦境の際、当時頼りにしていた上役とばったりとエレベーターで乗り合わせ、声をかけていただいたのです。

「どうだ、調子は？」

おそらく上役は心配から、単に状況を聞きたかっただけでしょう。しかし、筆者は自分の能力不足だと思われたくないという気持ちが先走って、余計なひと言が出ました。

「いやあ、やはりこの事業は開発力しだいですよ。競合他社の開発要員はひとケタ多いと聞きますから」

みるみる……上役の顔色が変わりました。

「そんなのは言い訳だ」

「しまった！」と思いましたが、時すでに遅し。

以降、筆者は重要な仕事から外されるようになりました。たまに降りてくる指示も、成果の小さな、軽い仕事ばかりです。

「一生を棒に振った」と言うのは大げさかもしれませんが、人生における大きなつまずきとは、こういった、後で振り返れば驚くほど小さなことだったりしますよね……。

つまずくのは、いつも大きな石より小さな石

今でもベッドでうなされることがあります。言わずもがな、とはこのことです。どうしてあんなことを言ってしまったのか？　やはり……自分の立場を守りたかったからです。

でも、言い訳などすべきではありませんでした。とくにリーダーの立場にある時こそ。

「綸言汗《りんげんあせ》の如し」という言葉があります。「リーダーの言葉は汗と同じ。いったん出したら戻せない」という意味です。思うようにいかない時こそ、自分を信じて任せてくださっている上司や、ついてきてくれている部下には忍耐強さを見せねばならないのです。それがまさか肝心な場面で、弱さを見せてしまうとは……。がっかりさせてしまった当時の上役をはじめ、部下にもいまだに申し訳ない思いでいっぱいです。

この卦の名前にも使われている「畜」には、「とどめる」という意味と「たくわえる」という意味があります。

小さな石など、弱いものに動きを止められれば、イライラします。でも、それは決して失敗ではなく、未来に向けてタメをつくる「たくわえる」時期でもあるのだ、とこの卦は説き

ます。

さらに、友人を大切にせよ、隣人を大切にせよ、配偶者を大切にせよ、といった話も添えられています。「たくわえる時こそ、周りはリーダーの姿をじっと見ているのだ」と説き、「鳥の目」のような視野の広さと視座の高さの大事さを、われわれに思い出させるのです。

できた時より、できなかった時のほうが成長の機会があります。**悩んだ分だけ成長します。停滞期こそ、忍耐力を磨く大事なチャンスなのです。**

問い

あなたは思いどおりにいかない時、どのような心持ちでいますか？

05 水雷屯
［すいらいちゅん］

雪の下で春を待つ芽が顔を出そうと伸び悩む時。小さく動け、の意。「四大難卦」の一つ。

新しい価値の創造には陣痛が伴うが、「諦める」以外に失敗はない

大きな価値を生むには、軽挙妄動せず、どっしりと構えてその時を待て

『易経』には「水雷屯」に加え、20「沢水困《たくすいこん》」、24「坎為水《かんいすい》」、58「水山蹇《すいざんけん》」という「四大難卦」と並び称されるキーワードがあります。すべて水の属性を持つ卦なのですが、何だか「大凶」の集まりのようで怖いですね。

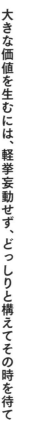

詳しい内容はそれぞれの卦で説明しますが、四つともすべて「大きな苦労の時」を示す卦です。でも、リーダーにとってこれらは決して悪いことばかりではありません。そこが『易経』の面白いところです。いわゆる、一皮むける成長のきっかけの**「修羅場経験」**となるからです。

優れたリーダーの成長の七割は、経験から得られる

現代の経営学にも、経験こそがリーダーを育てる最大の要素だと唱えた「ロミンガー(7：2：1)の法則」があります。

これは、米国のリーダーシップ育成機関・ロミンガー社による調査「好業績経営者約二〇〇人のアンケート」の回答から導かれたもので、**「リーダーの学びは、七割が経験から、二割が先輩の薫陶から、一割が研修から得られる」**という理論です。

このように、リーダーの成長のためには経験が重要で、さらに一流を目指すには、

「リーダーの成長のためには、一皮むける修羅場経験が必要」（金井壽宏）

とまで言われています。

確かに研修だけでは不十分です。だからこそ筆者が担当する現場では、研修だけでなく、二割の薫陶も加える意味で、役員・部門長による「失敗経験の講演」も行っています。そのうえで、育成責任者による「タレントマネジメント会議」の場を設け、残りの七割の「経験設計」にも取り組んでいます。

修羅場経験と言えば、新規事業や新商品開発など「新たな価値の創造」が代表的な例として挙げられます。それらにはもちろん、大きな苦難が伴います。『易経』の「ただじっと辛坊して待て」という教訓だけではつら過ぎますよね。じつはそういった〝水難〟に対する〝助け船〟も、この卦でちゃんと示唆されています。

産みの苦しみに対しては、ポジティブに小さく動き続けよう

この卦の「屯《ちゅん》」は出産にたとえられるので、出産経験のある方に語ってもらったほうが分かりやすいでしょう（「男性には出産の苦しみは耐えられない」と聞くにつれ、女性へのリスペクトを覚えます）。

初産に臨む妊婦さんたちは、事前にリズムに乗った呼吸法や「いきむ」練習をするそうで

すが、それが単に「力む」だけではない点が、この教えにも共通しています。『易経』にはこんなたとえ話が添えられています。

ガイドなしで鹿狩りに行ったので、とうとう林のなかに迷い込んでしまった。君子たるもの、もうこんないい加減なことはやめよう。これ以上進んだら恥をかくだけだ。

この話は「案内人を準備できなかった時点で、すぐその間違いを認めよ。それ以上前へ進むのは諦め、その場にとどまって、まずはじっくり反省すべきだ」という教訓です。つまり、新たな価値の創造の陣痛に苦しむこの時期は、それに集中する意味からも、さらなる大勝負に出るのではなく、これまでの行動を振り返って反省しながら、小さな改善を続けていったほうが良いという教えです。

実際、筆者の所属する会社で新製品を生み出す際にも、大きな変更より小さな改善を積み重ねたほうがかえって大きな成果につながった、という成功体験がたくさんあります。

この卦は、経営学における「キャリア論」にも通じます。思うように進めない挫折経験をすることが、それまでの自分の考えの間違った部分を反省（内省）する機会につながります。それが忍耐力や新たな改善の知恵など、さらなるレベルアップにつながるような一段上の力を身につけるチャンスになるのでしょう。そして新たな価値や希望を生み出すブレないビジョンや、それを持てる胆力にもきっとつながっていくはずです。

「物事を知っている人は、それを好んでやっている人には勝てない。そんな人でも、それを心から楽しんでいる人にはさらに及ばない」（孔子）

苦難の経験からの成長を楽しむことができる、というスタンスが取れれば最強でしょう。人を導くうえではまず自らが、かくありたいものです。

問い

困難に陥った時、それを楽しむためにどんなことができますか？

06 ䷷ 火山旅

［かざんりょ］

移りゆく旅で人生の孤独を感じる時。旅は成長につながる、の意。

旅は孤独だが大切な知見が得られる。人生に旅を入れよう

旅をすることは、成長するということ

高校生向けの講演を依頼されるようになって、もう一五年以上になります。「若いうちに故郷を出よ、外の世界を見よ」と生徒に伝えて欲しいと、先生方からよく頼まれます。

筆者も四年間東京で大学時代を過ごし、三二歳から三年半、仕事でマレーシアに駐在した

経験があります。確かに、旅は人間を成長させます。違う場所で生活し、仕事をするとなれば、なおさらです。

「失う」ことで「有難さ」を経験できる

まずは、「喪失」からの学びです。

大学進学で故郷を離れれば、家族との生活を失います。親がこれまで自分にしてくれていたことの有難さが失ってはじめて分かります。筆者も独り住まいの寂しさから、それまで当たり前だった親のあたたかさを思い、独り住まいの寂しさから、受話器に涙がこぼれた夜もありました。

マレーシア駐在では、周りで頼れる先輩方の存在がなくなって、その有難さを痛感しました。それまで仕事で分からないことがあれば、詳しい先輩に聞けば教えてもらえたのです。

しかし、海外ではそうはいきません。

「旅の徳」をテーマとしたこの卦では、こう説きます。

普段なら当たり前のことでも、旅先では有難いと思える。

筆者も上京や海外赴任という旅で、親や先輩への感謝を知りました。「有難い」という漢字の深い意味も身に沁みました。それはまさに「有ることが難しい」、つまりかけがえのないものだったのです。

「違う」存在を知ることで、自分の「当たり前」を疑う力が身につく

マレーシア赴任当初は、毎日がカルチャーショックの連続でした。とくにトイレのマナーには閉口しました……。いつも床がびしょびしょに濡れているのです。ある時は便座までがびしょびしょで、そこに靴で乗った足跡が二つ、しっかりついていたのには驚きました。

怒りのあまり、その日の経営会議を中断して訴えました。「こんなマナーの悪い従業員は許せない！」と。しかし、それを聞いた全員が笑い出したのです。

聞いてみればマレーシア人のほとんどはイスラム教徒で、トイレの後は左手で水をすくっておしりを洗うのが「当たり前」のマナーだと言うのです。だから便座の横にはかならずそのためのホースが設置してあるわけで、床が水で濡れるのは当然だと。しかもわれわれ上級職用のトイレには、日本人の要望でわざわざ洋式の高級便座が設置されているために、イスラム教徒は靴を脱いで便座に上がらねばならず、かえって面倒になったのだ、と逆に苦情を言われる始末……。

確かに一般社員用のトイレを見ると、便座はすべて和式と似た便座なしのタイプでした。

「洋式便座では紙で拭くのが『当たり前』であり、現代人のマナーだ」

とさらに食い下がったのですが、

「おしりを洗わず紙で拭くだけで済ますことで、清潔を保てますか？」

と反論されました。こうして自分の無知を知った筆者は、それ以降は皆に倣って、靴のまま便座に上がるようになったのでした……。

日本人の「すみません」は魔法の言葉？

ほかにも、マレーシアでは「日本人には当たり前」なことのおかしな点について、現地のメンバーからさまざまな指摘を受けました。

現地メンバー「点検箇所の見落としで、作業する機械が故障してしまいました」
日本人「謝れ！」
現地メンバー「すみません」
日本人「許す。次から気をつけろ」
現地メンバー「謝っただけで許されるのはなぜ？　それでは問題は解決しないでしょう？」

さらに、あるマレーシア人のスタッフが、同僚にこう言っているのを聞きました。

「日本人の『できません』は信じるな」

……そのあまりに図星な指摘に感心しつつ、私も旅を通じて、世界の広さを知ったのでした。

新しい体験から、自分自身を見直し、成長する

人を導く立場にあれば、旅の経験から「郷に入っては郷に従う」柔軟性や変化への対応力とともに**「自分の当たり前を疑う力」**を身に付け、さらなる成長につなげていきたいものです。

未知の場所には、新たな可能性があります。そこに何かがあると思ったら勇気を出して行ってみましょう。きっとそこからまた新たな何かがはじまります。

「今から二〇年後、やったことよりもやらなかったことを後悔するだろう。安全な港から船を出し、貿易風をセイルに受けて探検をしろ。夢を見ろ。発見しろ」

（マーク・トゥエイン）

予期せぬことが起きるのが旅です。それをどう受けとめるかは自分次第。旅を通じて不確実ななかでも人を信頼し、そんな状況を楽しむ。旅を通じてできた前向きなつながりこそが私たちの成長を促すのです。

「旅をすることが目的なのだ」（ゲーテ）

未知の状況でも自分の可能性を信じる、という前向きな冒険心で、旅のワクワクとともに自らの新たな成長を楽しんでいきましょう。

問い

あなたにとっての「当たり前」が、他者に通用しなかった経験はありますか？

07 山水蒙

［さんすいもう］

「啓蒙」の語源。未熟さを意識する時。
学びにより自他の可能性を拓こう、の意。

自分の未熟な面を常に探し、学べる対象を見つけて学ぼう

どんなリーダーについていきたいですか？

少し考えてみてください。
次の二人のリーダーのうち、あなたならどちらについていきたいですか？

・リーダーA「私は何でも知っている。教えてあげるから、いつでも聞きにおいで」
・リーダーB「私には知識が足りない。あなたの知っていることをぜひ教えて欲しい」

『易経』は、Bのリーダーのほうが吉だと言います。なぜなら、成長するポテンシャルが大きいからです。一方、Aのリーダーは成長の努力を惜しんだり、大事な忠告を聞こうとしなかったりすることが凶。つまり、やがて苦しむことになるだろうと予告します。

とりわけ、今は先の見えない時代。「自分には先が見えている」というリーダーがいたら疑わねばなりません。**成長は、自分の未熟さを知ることからはじまります。**それは、変化を察知し知識を吸引する力です。そういった物事を引きつける力を『易経』では**「陰の力」**と言います。

度量とは「学ぶ力」

リーダーに必須である「陰の力」を説明するうえで、「器量と度量」の理解は欠かせません。器量とは、行為やスキルなど「陽＝押しの力」です。度量とは、傾聴や器の大きさ、マインドなど「陰＝引きの力」で「受けいれる力」でもあります。学ぶ姿勢とは「陰の力」なのです。

「風の音にも学ぶ人あり」（松下幸之助）

本人にその気があれば、どんなことからでも学びは得られます。リーダー育成の現場でも、「学習力」から付く差は周りからはっきりと見えます。『易経』でも、**世界から学ぶ力を持ちなさい、目の前の自然からでも学べることがたくさんあるでしょう**、と繰り返し説きます。

たとえば四季は、春夏秋冬と変化をしますが、その順番は不変です。ここから物事には**「変わるものと変わらないものがある」**ことがわかります。俳諧を芸術にまで引き上げた松尾芭蕉が掲げた**「不易流行」**がその意味です。

「不易」とは変わらないもの、「流行」とは変わっていくものです。大自然から「変わるものと変わらないもの」を作品に織り込むことで、確かな基盤に基づいた新しい芸術が生まれる、という学びの道を示したのです。

学びと成長に関して『易経』全体のなかでは、こんなたとえ話が添えられています。

立派な人物は、
学をもってこれをあつめ、問をもってこれをわかち、

寛をもってこれにのぞみ、仁をもってこれを行う。

これは、「学問」の語源と言われる文で、「学問」とは、単に知識の収集だけではなく、話し合いや寛仁の心、実行力などの人間的成長も含む概念だと分かります。次の言葉もあります。

教える側が生徒を求めるのではなく、
生徒が先生を求めて教えを乞うのが本来の教育の姿である。

教育を「陽の力」、学習を「陰の力」にあてはめたもので、「求めよ、さらば与えられん」「神は自ら助けるものを助く」といった、西洋の自立促進的な教育論に通じます。

日本の教育者でも吉田松陰が「啓蒙」、福沢諭吉が「開発教育」を掲げており、ともに「ひらく（啓く・開く）」という動詞を用いています。前述の「education（教育）」の語源や、『易経』の教育哲学との一致も大いに見出せるこの点からは、「相手の本来持つ可能性を引き出すことこそが教育である」という本質について地球規模でのシンクロニシティを感じさせます。

問い

あなたの身近な人を「師」としたら、どんな学びがありますか？

EKIKYŌ
易経
The book of changes

第　二　章

つながる

08 ䷎ 地山謙［ちざんけん］

低姿勢で謙虚に進む時。
謙虚さを常に保てれば吉、の意。

中途入社で早く活躍したいなら、過去の経験と知識は忘れよう

謙虚さこそ、最強の処世術

これは「謙虚さ」のもたらす価値を存分に説いた卦です。

謙虚さは、一見すると相手に対して弱い姿勢に見えますが、効果という点では最強だと言います。謙虚さも前出の「陰の力」であり、『易経』のなかでは繰り返しその価値が語られ

ています。

しかしながら、いつも弱く出ていさえすれば良いわけではなく、時と場合に応じた対応をする必要があります。

謙虚さが吉なのは、相手に教えを請い、引き立ててもらわざるを得ない下の身分の時や、未熟な状況でヨコの信頼関係づくりが必要な時などです。リーダーや社長など、人の上に立つ立場にあっても、謙虚だとの評判があれば良い状況が生まれる、と『易経』は言います。

前述の01「火水未済」で渡河に失敗する小ギツネの話でも、たとえ未熟でも謙虚であればきっと渡れると励ましています。それほど謙虚さというのは大事で、かつ強力なのです。

中途採用で失敗する「出羽守《ではのかみ》」

「謙虚さが大事」という点では、昨今の企業人事でよく聞く「オンボーディング」でも言えることです。

「オンボーディング」とは、もともと「船や飛行機に乗っている」という意味の「on-board」から派生した言葉で、新しく乗り込んできたクルーや乗客に対して、必要なサポートを行い、慣れてもらうプロセスのことを指します。人事用語としては、企業が新たに採用した人材を職場に配置し、組織の一員として定着させ、戦力化させるまでの一連の流れを受けいれるプロセスのことです。戦後の高度成長を支えた日本型経営の「新卒採用」は、事業がグローバル化し、「ジョブ型雇用」など欧米型に合わせていく過程で減る傾向にあり、「経験者（キャリア）採用」が急増しています。となれば、早く会社や職場になじんで活躍して欲しいわけです。

もちろん、職場に早くなじめるかどうかは「お互い様」なので、会社側、本人側ともに注意を払い、適応するといった努力が必要です。キャリア入社に際して私がよくお話しするのが、「出羽守にならないように気をつける」という点です。

「出羽守」とは、大坂夏の陣で「燃える大阪城から命がけで千姫を助けた」伝説の武将、坂崎出羽守直盛《さかざきでわのかみなおもり》にちなんだものと思われますが、意味はまったく違います。「前の会社では……」「以前の職場では……」など、やたらと前職の話をする人を揶揄した言葉です。

当人には悪気のないことが多いのですが、聞く側には悪い印象を与えてしまうものです。聞く側も仲良くなりたくて相手を持ち上げているわけですが、**「持ち上げに乗ってしまうとかえって嫌われる」**というのが、日本人の「本音と建前」の難しいところです。

坂崎「出羽守」もこんな話に名を残したとあっては、無念でしょう。せっかくですからその無念にも想いを馳せ、新しい職場では過去はすっぱり忘れましょう。そのほうが謙虚さも認められて信頼もされ、職場になじんで早く活躍できるようになります。

尊敬されるリーダーの、謙虚さの先にある心得

一方、謙虚さを捨て、むしろ断固とした態度を取るべき時もあります。自らが人の上に立つ立場にあって、その地位を脅かされているために守らねばならない場面です。たとえば、部下が大事な指示を守らない場合、上司としての厳しさを見せられないようであれば、侮《あなど》られることでしょう。

これはいつの時代でも言え、敵から攻め込まれた場合も同じです。そんな有事に弱腰を見せるようでは、リーダー失格です。誰も安心してついてはいけません。毅然とした態度で攻撃を跳ね返しましょう。

しかし、あなたの謙虚さが普段から周囲に鳴り響いているのであれば、不安はありません。その姿勢を貫き、裏表のないあなただからこそ、危機に際しての強さはまさに「緩急の妙」で、それがきっと肝心な場面で良いメリハリになり、かえって効果的にもなるのです。

「然《しか》るべきことがらについて、然るべき人々に対して、さらにまた然るべき仕方において、然るべき時に、然るべき間だけ怒る人は賞賛される」（アリストテレス）

このように、人から賞賛され、「この人についていきたい」と尊敬される大人物とは、単に謙虚でいればいい、単に怒ればいい、という単純なものではなく、複雑な状況判断のうえで、深い洞察力をもって、最適な態度がとれる人のことを言うのです。

『易経』でも最高の対応を、「時中《じちゅう》」「時《とき》に中《あ》たる」「中《ちゅう》する」などと表現しています。その時の状況にぴったりと合った適切な行動ができる、という意味です。

問い

あなたの考える「謙虚さ」とは、どのようなものでしょうか？

09 ☴☲ 風火家人 ［ふうかかじん］

家内安全が第一の時。自分を支えてくれている家や家族をまず顧みよ、の意。

トラブルの時こそ、あなたを守ってくれている人を思い出そう

「人間の弱さ」とは、自分を支えている人を忘れてしまいがちなこと

『易経』がわれわれを導く生き方はもちろん「立派な人物になること」、つまり「大人《たいじん》」「君子」への成長です。面白いことに、逆にわれわれ人間の持つ弱さも十分に意識しており、それどころかわれわれの本性のダメな面に対して、時に愛情すらのぞかせます。それが「小《しょう》

人《じん》」の概念です。

「小人」とは、「大人・君子」の逆で、立派でない人物を指します。それは決して別の人物ではなく、同じ人物のなかに棲む「光と陰」、つまり「陽と陰」の両面にある別人格のことです。どれだけ成長して立派になったところで、やはり「小人」は自分のなかに存在するのです。

いわば、己のなかの「小人」の存在を認めて、一緒に生きていく覚悟が必要です。「**人間は弱い**」「**自分も弱い**」。その基本がブレなければ、己の短所や弱さへの自覚や反省がさらなる成長につながり、やがて「大人・君子」の高みに達することができるはずなのです。

そのような人間の弱さは、好調時ほど現れます。「**好事、魔多し**」。調子に乗ってしまうと危機への備えを怠り、有事となればパニックになります。慢心した分、目の前が真っ暗になり、恩人の存在も忘れ、もう救いなど見つからないように思ってしまうのです。

変革のタネは身近なところに、そして、自分のなかにこそある

天災やトラブルに巻き込まれ、もうどうしようもないと思う危機にこそ、**身近で「これまで当たり前のように、ずっと自分を支えてくれている人」を思い出しましょう**。そしてまず**自分自身を反省して変えていく**。それが結局自分を救うことになる、と『易経』は説きます。

自分を変えるとは、自分を支えてくれている人を思い出し感謝することです。そこで思い

出されるのが次の名言です。

「修身《しゅうしん》・斉家《せいか》・治国《ちこく》・平天下《へいてんか》」（『礼記──大学』）

これは人を導く「大人」の心得です。まず自身をしっかりさせること（修身）で、家を安心安全に保つこと（斉家）ができる。それにより、国を安泰にすること（治国）ができる。それらができてはじめて天下の平和を成し遂げること（平天下）ができる、という意味です。これとほぼ同じ意味の名言が、イギリスに残されています。

まだ若く、自由で限りない想像力を持っていたころ、私は世界を変えることを夢みた。
成長して知恵がつくにつれ、世界が変わることはないことが分かり、
視野をややせばめ、自分の国だけでも変えようと決意した。
しかし、それさえもかなわないように思えた。
晩年に最後の試みとして、せめて私に最も近い存在である家族を変えようとしたが、
ああ悲しいかな、それもかなわなかった。
そしていま、死の床に就いて、突然私は気づいたのだ。

もし、私がまず自分自身だけでも変えられたなら、
それを模範として家族を変えられたことだろう。
そして、彼らのインスピレーションと激励によって、
自分の国を変えることもできただろう。
ひょっとすると、私は世界さえ、変えることができたかもしれない。

（出所：英国ウェストミンスター寺院の主教の墓石に刻まれている言葉）

やはり、尊敬されるリーダーは、時代や国が違っても通じるスタンスを持っています。その部分にこそ、現代のわれわれにとっても学びとなる、ブレない軸が見出せるはずです。

問い

あなたにとって、一番に治めるべき場所はどこですか？

10 ䷹［だいたく］

兌為沢

おしゃべりが楽しい時。
が、「口は災いの元」でもあるから
十分注意せよ、の意。

相手を褒める時は、言葉選びを間違えやすい

「口は災いの元」は、なぜこれほど知られているのか？

「口は災《わざわ》いの元」は広く知られたことわざです。なぜこれほど有名なのでしょう？

「口はこれわざわいの門、舌はこれ身を斬るの刀なり」（『古今事文類聚』）

つまり、「うかつなことを言うと災いが身に降りかかる。舌は自分の身を傷つけかねない刀のように危ないものだ」という意味です。確かに、図星です。しかも、ありがちです。いくつになっても意識したほうが良いことだから、頻繁に耳にするのでしょう。

それにしても中国の古典の警句が今でも通用するとは、人間の進歩のなさを思い知らされますね。**「人間が歴史から学ぶべき最大のことは、人間は歴史から何も学ばないということだ」**と哲学者のヘーゲルも言ったとか。しっかり反省せねばなりません。**こういった人間の変わらぬ欠点を反省し続けることも、われわれが守るべきブレない軸の一つです。**

おしゃべりは楽しいものです。とくに「人の口に戸は立てられぬ」とも言われるとおり、人間は他人の噂話が大好きです。こんな説まであるそうです。

「近年の脳科学では、『(自分より下位の者と比べる)下方比較』では『報酬』を感じる脳の部位が、『(上位の者と比べる)上方比較』では『損失』を感じる脳の部位が活性化することがわかった。脳にとって『劣った者』は報酬で『優れた者』は損失なのだ。」

(『バカと無知』橘玲/新潮社)

つまり、人というものは、自分より劣った人の失敗やその汚点の批判など、自分が優位だと感じる情報に快感を覚えるのです。「人の不幸は蜜の味」などと言われるとおり、残念ながら人生には、性善説だけでなく性悪説で臨まねばならない場面があることもまた、覚悟せねばならないのです。

世の中には敵も味方もいることを実感したブログ炎上事件

とくに昨今は、「スマホとネット」というお手軽な発言メディアが常に手元にあり、相手に面と向かう勇気すらいりませんから、本来言いづらい批判や悪口も気軽にできます。**「正義中毒」**や**「皆が告発者になりたがっている」**などの物騒な言葉すら飛び交っています。

筆者自身も、そういった批判にさらされた経験があります。ブログ炎上事件です。

南国マレーシアでの工場勤務から帰国して、逆にカルチャーショックを受けたのが、「日本人の暗さ」でした。これはいけない、「まず会社から元気に！」と意気込んで筆者は南国気分のまま社内ブログをはじめました。タイトルは『元気のタネ』。

「もっと元気出そうよ！　自分たちの元気が会社の元気だよ！」

「道ですれ違っても電車でもいつでもどこでも、日本人ってなぜ暗いの？　エレベーターのなかなどはとくに他者に目も合わせず、暗くうつむいているのはなぜ？」

といった調子で、社内全員に向け、意気揚々と、元気に発信したのでした……。

当然のことながら……すぐさま多くの批判を浴びました。「炎上、炎上、また炎上」のつらい日々でした。毎朝またどんな批判が浴びせられているのかと、パソコンを開くたびに胃の底からすっぱいものがこみ上げます。お昼に社員食堂に行っても噂話が耳に入ります。

「あの元気ブログとかいうやつ、また炎上だってー(笑)」

しかもつらいのは、こちらが実名で書いているのに、批判者は皆、匿名なのです。誰に批判されているのか分からず、まるで暗闇から攻撃されているような、「疑心暗鬼を生ず」と言える地獄でした。

でも、ある日気づいたのです。データを分析したらブログへのアクセス数が伸び続けていることを。どうやら炎上するたびに急増しているようでした。そして転機が訪れます。

「あなたたち、人の批判ばかりじゃない。自分でも何かやってみたら? 私はこのブログずっと応援しているよ。」(白馬の騎士より)

感動で全身がふるえました。その後、味方はじわじわと増え続け、ブログはいつの間にか、社長ブログに次ぐ社内ナンバー2の人気ブログになりました。この経験から筆者は、「チャレンジし続ければ、かならず味方が現れる」という貴重な教訓を得ました。

この卦では「口の及ぼす力」をテーマに、繰り返し教訓が述べられています。「言動を慎め」

「失言は、志の低さを反省すべき」など、これらは後に「巧言令色鮮《すくな》し仁」(孔子)や「口先だけ」「口車に乗る」などの警句として今に伝えられています。このように「口」の使い方はとても大事であり、

「邪道を退けて正道に立ち帰る」
「私情や私欲を制して、本来の目的に専念する」

などの大きな徳につながっているのだと、『易経』は教えているのです。

問い

自分では良かれと思って発言したことが、うまく伝わらなかった経験はありますか?

11

沢山咸

［たくさんかん］

感性やフィーリングが大切な時。
でも、快楽に溺れやすいので注意、の意。

交渉は恋愛と同じ。
優しく柔らかく、そして相手に感動を

恋愛をイメージさせる「感じる力」

『易経』には珍しい、恋愛をたとえ話にした卦です。セクシーな表現もあるのが面白いです。
やはり、それも人生の重大事だからでしょう。短くまとめれば、次のような話です。

若い女と若い男が互いに感じ合い、理性を失いがちになる。
足の親指をくすぐられた。でもまだ動いちゃダメだ。
ふくらはぎの快感にうっとりしたね。でもまだじっとしていなさい。
色っぽい姿の相手が近づいてきても、後がこわい。応えるのはよしなさい。
そわそわと思わせぶりな態度を取るから、似たような仲間が集まってくる。
つまらぬことに心が動きやすい。自分を固くガードしなさい。
たとえ鈍感と言われたって、知らんぷりでいれば、無事でいられる。
とうとう、「口福の絶頂」へ！
快楽に身を任せるのも良いが、裏に危険が潜んでいるのを忘れちゃだめだ。
口先だけのうまい話かもしれない。危険なのは、あなた自身の口のほうかもしれない。
心に誠がなければ、結局すべては台なしになるんだ。

感性やフィーリングは大事だが、その快楽に溺れないように注意

これは「感じる力」を解いた卦なので、感性などのセンスも肯定的に捉えています。素晴らしいデザインや見事なプレゼンなど、人の「技」としてのアートは、大きな感動を与え、賞賛されます。快楽に直結するそれは、モチベーションとしてはいいでしょう。しかし、そ

こに大きな落とし穴も待っています。**快楽ほど人をダメにするものはないからです。**

キャリア論でも**「キャリア形成の失敗は、短所より長所が引き起こす」**という格言があります。自分の有能さをアピールするのは気持ちの良いものですが、その姿は、果たして相手にとっても気持ちの良いものでしょうか？　そういう時ほど慢心も生まれ、不用意なことをしがちになる、という点も忘れてはなりません。

大事なのは「誠」の心なのだ、と『易経』は説きます。誠とは、「反省」です。反省のない人に成長はありません。他人に対する誠意もまた、自己反省であり自己成長なのです。

感性の発揮は効果が大きいが、裏には同じくリスクも潜んでいます。反省が欠けていれば、感動も長続きせず、かえって危険なものになりかねないのです。

問い

口先だけのうまい話に乗ってしまった経験はありますか？
どうしたら防げたでしょう？

12

巽為風

［そんいふう］

優柔不断は禁物の時。
風の徳性から学びを得よ、の意。

人間関係づくりは、風のように柔らかく、笑顔で相手に合わせよう

風から学べること

この卦では、人の取るべきスタンスを「風」にたとえて、次のような話が語られています。

身近なことや、小さなことは、風のように行うのが良い。

人間関係づくりは柔らかく、笑顔で相手に合わせるのだ。
入りたいところには、風のように柔軟にさっと入り込めばいい。
しかし重大なことについては、そうではない。
あっちへフラフラ、こっちへフラフラ……。そんな優柔不断では、災いを招くぞ。
足をすくわれないよう気をつけて、慎重に行動すべきだ。
こうした時こそ、信頼できる上司や先輩の意見をよく聞いて、従いなさい。
大きなものに従う、というのも風の徳。風から学べることはたくさんあるのだ。

風には、柔軟さや動きの軽やかさなど、良い点がたくさんあります。身近なこと、小さなこと、変化の激しいことの対応などは、まさに風のように行うのがいいでしょう。

風の注意点

しかしながら、この点についても、行き過ぎは禁物です。「風のようなリーダー」に安心してついて行けますか？　一貫性も主体性もない「風見鶏《かざみどり》」では困りますね。この卦には「風のように自己の信念を持たない人間」に対して、痛烈な批判もまた添えられています。

自己を持たない人間は、謙譲の美徳どころか、ただのイエスマンだ。
薄情で信頼のおけぬ者、と嫌われることになる。
見境なくペコペコする、ペタペタとどこにでもくっ付く、というのは卑屈でしかない。
周囲の人は、あなたの誠意のなさを知っている。
分別とプライドを持って、自分を取り戻しなさい。
早く反省し、改めなければ、大変なことになるだろう。

さらに、ひどい話まで……。

王の寝室まで入り込み、さらにベッドの下まで来てへりくだってしまっている。
単なるイエスマンだ。完全に自分を見失っている。
そのような卑屈さは、謙虚さとはかけ離れた別物だ。
さらに私欲のために巧言令色を駆使するつもりか？
口先だけで必要以上にへりくだる気か？
そのままでは人に疎まれ、財産も地位も権威も、何もかも失うことだろう。

厳しいですね……。それだけ、行き過ぎというのは弊害なのです。
単に謙虚であればいい、単に褒めればいい、といった薄っぺらな態度が、どれだけ人の信頼を損ねることになるか、しっかり考えましょう。逆に尊敬される人物の深みとは、そういうことを意識するところにありそうです。
その一方で、最後には風の徳について、救いになるフォローも添えられています。

もしあなたが他人を立て、一致協力して行うことができれば、幅広い信頼を得て、大いに成果を上げるだろう。その時こそ、風のようにさっと動きなさい。

謙虚であっても、卑屈であってはならない。柔軟であっても、ブレてはならない。これが、風にちなんだ『易経』の教訓です。

風を受けて生きよう

風は、現代では逆境でのチャレンジ精神について語られることも多いようです。

図5　《堪忍柳画賛》（仙厓）

（出所：出光美術館）

「凧が高く上がるのは、順風でなく、逆風の時なのだ」
（チャーチル）

風と言えば、最後にぜひご覧いただきたいのが仙厓《せんがい》和尚の図5の絵です。

「堪忍《かんにん》」と重々しい大書が目を引きますが、左端には風のように軽やかな字で「気に入らぬ風もあろうに柳かな」と添えられています。重々しい道徳言と同じ枠のなかに、肩の力が抜けたようなコメント。人を食ったような、それでいて同じ生き物としての柳の木への共感すら漂う、何ともあたたかくもユーモラスな絵で、思わず引き込まれてしまいます。

風に動じぬ、まさに達観。いつの日か、このような境地に達したいものですね。

問い

「柔軟さ」と「優柔不断」の違いはどこにあるでしょう?

13 ☰☲ 天火同人［てんかどうじん］

皆で仲良く進む時。同志の絆を大切に、公明正大に堂々と進め、の意。「同人誌」の語源。

志の共有とオープンな話し合いが、チームを強くする

ファシリテーションが、チームのコミュニケーションにバランスをもたらす

単なる集団がそのまま「チーム」になるわけではありません。集団活動を促進させるような、ファシリテーションなどのさまざまな工夫が必要です。この卦は、「同人誌」の語源となった「同人」というタイトルどおり、大事なことを成し遂げられる強いチームをつくる徳

が語られたものです。大切なことが語られているので、一つひとつ見ていきましょう。

正々堂々と公明正大に、皆と仲良くして進め。それなら大きな川だってきっと渡れる。
でも、もし私利私欲の固まりであったら、チャンスはない。
自分から心を開き、本当に腹を割って話せるような相手と手を結ぶことが大事だ。

注意点も、数々述べられています。

付き合いが身内や親族内だけでは狭過ぎる。偏屈ではなく視野を広く持て。
少々強くなったからと言って、上司に謀反など起こしても実らない。
身のほど知らずの野心は、失敗の元だ。
少々力をつけたからと言って相手を攻撃してはならない。
それはあなたの力量を超えている。高望みせず深追いせず、諦めるほうが賢い。

誠も感じられず、器の小さい行為は、「同人」の精神から見ればすべて失敗につながります。そんなことでは、いつまで経っても大事は成し遂げられないでしょう。ファシリテーションも、共有された目的の下、参加者がフラットに議論できる場がつくられなければ成り立ちません。お互いが対等かつ等距離であるからこそ、フェアな議論ができ、素直で正しい結論が導き出されるのです。

同志による金蘭《きんらん》の交わり

「金蘭の交わり」の語源となる話も、『易経』にあります。

同志が心を同じくするその堅さは、金をも断ち切るほどであり、友情の誠の美しさは、香り高い蘭のようである。

そのような強いつながりをつくるためのステップも記されています。

最初は泣いたりわめいたり、つらい思いをするが、後には笑うことができる。仲間と会うことができ、滞っていた難問が解決すれば、積極的に動け。

最後に笑うのは、あなただ。

中央より地方のほうが活躍できる

この話の最後には、味わい深い言葉が添えられています。

同志が郊外に集まった。もう悔いはない。

これは会社勤めで言えば、無理に中央での出世を考えず、退いて地方で満足すべきだ、という意味です。

地方への左遷からの大逆転と言えば、『キリンビール高知支店の奇跡 勝利の法則は現場で拾え！』（田村潤／講談社）を読んだときの感動を思い出します。以下、要約します。

国内シェアでトップ独走だったキリンビールは、一九八七年発売のアサヒビール「スーパードライ」のヒットでシェアを奪われ、業績不振に陥った。そんななか、キリンビールの田村潤さん（45歳）は全国での営業成績最下位クラスの高知支店に支店長として赴任を命じられる。それまで東京本社で部長代理だったので左遷同然。上の方針に異論を唱えたのが一因だった。すっかり負けグセのついていた高知支店だったが、意識改革に取り組んだことで徐々に成果は上がっていき、わずか2年半で業績回復を成し遂げた。

いかにして田村さんは、高知支店の意識改革を成し遂げたか?

「経営が短期志向になり大義や理念が形骸化すれば現場は弱くなる。目先の利益を追う組織から、理念を実現するための組織に変革しなければならない。単なる金儲けではなく、利益よりも社会を良くする、人のために尽くす、という大義が必要。なぜ働くのか、商品は誰のためにあるのか、を自分自身で考え抜くことが重要なのだ」(田村潤)

やはり、「誠」と「反省」が大事。それさえできれば……

「仕事の意味が変わる。それにより、取り組む社員の姿勢がまったく変わってくる。はじめはやらされ感でも、後に主体性を持って自分で考えて行動するようになるのだ」(田村潤)

こんなチームができたら、すごいですね。その後、田村さんは本社に呼び戻され、営業本部長としてキリンビール全体のV字回復と首位奪回を成し遂げ、副社長にまで上ります。

この話は、**「大義という誠を抱いた同志が、つながり合って物事にあたれば、困難を乗り越えて成長し、ついには大事を成し遂げられる」**という、『易経』の教訓そのものを成し遂げた、貴重な実例の一つです。

問い

仲間とオープンに話し合うには、どのような誠意と工夫が必要でしょうか？

EKIKYŌ
易経
The book of changes

第 三 章

成功する

14 ☴☶ 風山漸 ［ふうざんぜん］

順序正しく進む時。
基礎から着実に積み上げていけば
有終の美が得られる、の意。

大きな成果は、堅実な段取りとゆったりした進行がつくる

遠くに至るためには、じっくり進んだほうが早い

「千里の道も一歩から」と「大器晩成」を合わせたような卦で、「漸進《ぜんしん》」つまり焦らず一歩ずつ着実に進むのが一番強いのだと説きます。

遠くに至るには、走るより歩いたほうが早い。高く積み上げるには、土台から丁寧に積み

上げたほうが早い。このように当たり前なことをわれわれのなかの「小人」は忘れがちです。日先の損得に左右されて遠くの目標を見失うからです。『易経』には、こんなたとえ話があります。

生まれたばかりの水鳥が、水際まで進んだ。
水際というのは、ほかの動物に狙われるので危険だ。
でも、十分気をつければ問題はない。
水鳥が川の岩に乗った。水も飲め、魚も獲れるようになって喜ぶ。
水鳥がとうとう陸に上がった。
外敵などさまざまな危険にさらされるので、身を守らねばならない。
水鳥が止まり木を得た。危険を遠ざけることができた。
水鳥がさらに高い丘を目指した。
邪魔をしようとした者も、やがて勝てないと悟って逃げて行った。
水鳥が天高く飛ぶ。
その美しい姿が整然と並び進むさまは、皆が仰ぎ見る憧れの的である。
順序と秩序があれば、人から手本とされるほどの有終の美が飾れるのだ。

リーダーも、成功すれば脚光を浴び、権力を握ればフォロワーが増えますが、にわか仕込みの即席集団だとすればじつにあやういものです。「小人」は損得勘定で集まる分、リーダーが弱みを見せたり失敗したりすると、あっさりといなくなります。

それだけなら良いのですが、せっかく来たのに期待を裏切られた、損をさせられたという「小人」の恨みは怒りに転じやすく、とても危険です。世界史上の「独裁者の末路」もわれわれに深い教訓を残しています。

第二次大戦で日本と同盟したイタリアのムッソリーニや、近年ではリビアのカダフィも一時期は独裁者として君臨しましたが、ともにその最期は悲惨なものでした。裁判にもかけられず、自国の民衆による私刑で殺害されてしまったのです。

「一流のリーダーには修羅場経験が必要」とはよく言ったもので、やはり人に語れるほどの失敗や苦難からの学びがあってこそ、揺るぎない自信や忍耐力が培われ、判断にも奥深さが漂い、言動にも説得力が宿ります。そして一足飛びの成功やまぐれ当たりなど、軽々しい期待もしなくなり、恐怖による支配など安直なリーダーシップに頼ることもなくなります。

正しく積み上げられたものは強固でかつ美しい

この面で、企業の人材開発担当に人気のある理論と寓話をご紹介します。

図6　マズローの欲求5段階説

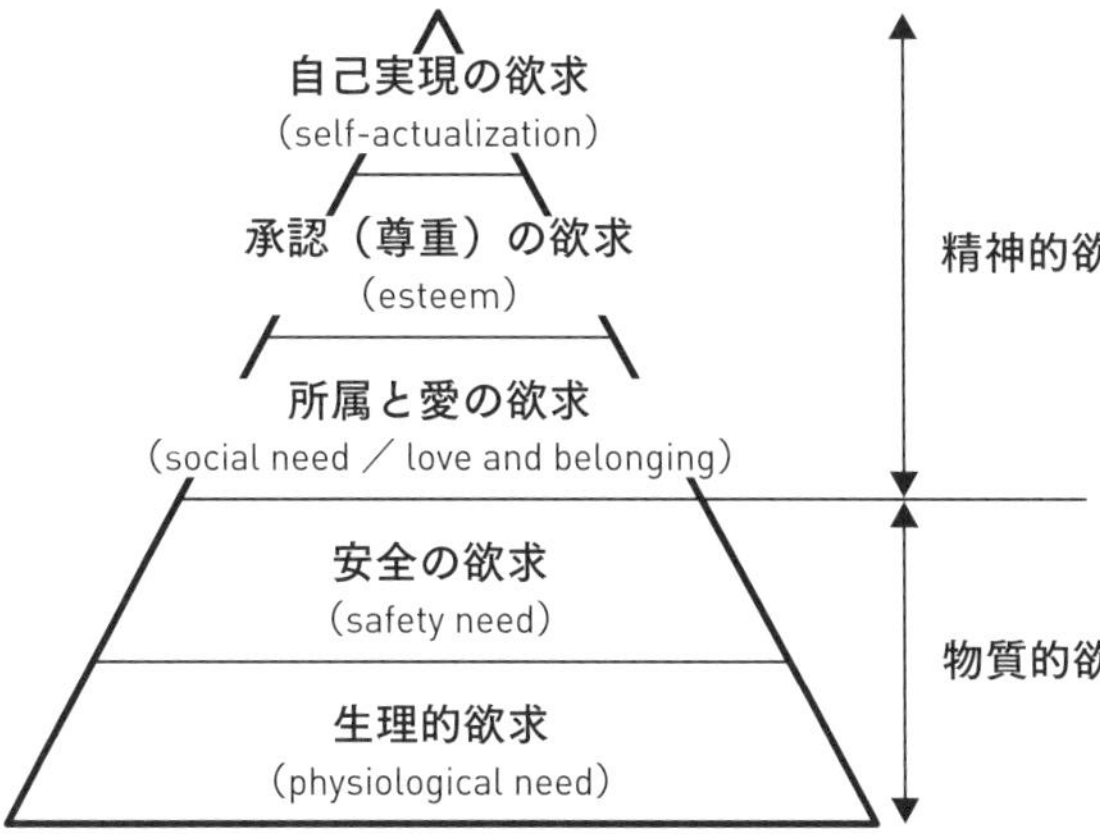

まずは図6の米国の心理学者A・マズローによる「欲求5段階説」です。これは、人間が行動を起こす理由（動機）を研究した結果、次の順で下から積み上がっていくことを示した理論です。

1　生理的欲求
2　安全の欲求
3　所属と愛の欲求
4　承認（尊重）の欲求
5　自己実現の欲求

つまり、まずは衣食住や安全など、物質的欲求が満たされなければ、精神的満足には至りません。そこには順序があり、下から確実に積み上げていかねばならないわけです。一方、図の右側の矢印で示した上下層に分けると、下層の物質的欲求が満たされ上層の精神的欲求段階に至った人々にとっては、今さら下層の欲求に訴えかけても、あまり効果はありません。人にはそれぞれの置かれた立場に合ったニーズがあるのです。ここから、企業現場における次のようなジレンマの存在が想定されます。

・企業ですでに十分な給料を得ている管理職層に、今さら「実力主義報酬制度」を入れて給料アップで釣ろうとしても、もはや効果が薄い
・豊かに暮らしている人が、貧困や紛争に苦しむ人々に道徳を説いても伝わらない

人間は「小人」の面だけでも「大人」の面だけでもないので、それぞれの状態をきちんと理解して働きかけなければ人は動かせません。**「きちんと」というのは「相手の立場に立って考える誠意」と「基礎から丁寧に積み上げる段取り」**の二点を満たしているということです。

人の動機に関する「レンガを積む三人の男」という有名な寓話もご紹介します。

旅人が、三人のレンガを積む人々に、

「あなたは、なぜレンガを積んでいるのですか？」と質問をした。
一人目が答えた。「やらされているんだ」
二人目が答えた。「積んだ分だけ、金がもらえるんだ」
三人目が答えた。「人々の安らぎになる、偉大な大聖堂を建てているんだ」

この卦で説かれる「順序を守り、着実に、かつ丁寧に」という仕事の仕方は、他者からの強制や欲得であるかぎりは「やらされ感」でしかありません。しかし、自ら大きな夢を抱き、志を抱いて仕事に取り組む三人目のレンガ職人にとっては、仕事の意義のワクワク感とともに、苦行であるはずの労働すらも幸福につながる、という成功に転じるのです。

問い

あなたは、どんな動機で仕事をしていますか？

15 ䷣ 地火明夷

［ちかめいい］

賢明な人が傷つき破れて、
日の目を見ない時。
困難に耐えて貞正を守るのが良い、の意。

何をやってもうまくいかない時は、小細工せずに時を待つ

「能ある鷹は爪を隠す」の本当の意味

何をやってもうまくいかない時は誰にでもあるものです。自分より努力の足りない人にチャンスを奪われたら悔しいですし、ましてや邪《よこしま》な動機を持った人のほうが取り立てられれば恨みたくもなります。でも、そんな時こそ運を天に任せ、じっと我慢すべきだと、この卦

は説きます。

「おごれるものは久しからず」と言われるとおり、その人が取り立てられることが間違いであるなら、待てばかならず破綻します。決して、むやみにジタバタしたり、才を頼んで小細工に走ったりしてはいけません。「策士策に溺れる」という言葉どおり、そういった往生際の悪さはほとんど裏目に出ます。

「能ある鷹は爪を隠す」ということわざは、謙虚でいたほうが得だとか、必殺技は隠しておいていざという時に効果的に使えるなど、損得勘定で解釈されることが多いですが、もとものメッセージは、**苦境においては自分に自信を持ち「時を待て」**ということなのです。

それに関するたとえ話としては、中国で暴君として語られることの多い「殷《いん》の紂王《ちゅうおう》」の時代（紀元前一一〇〇年ごろ）、箕子《きし》という賢臣が狂人の振りをして難を免れた例が挙げられています。

日本人にとっては『忠臣蔵』において主君の無念を晴らすべく、仇討ちの意志を隠し、遊び呆けて見せた大石内蔵助のほうが、なじみがありますね。

また、後に首相にまで上りつめる広田弘毅が、外交官時代に左遷された際、次の歌を詠んで任地に赴いた、という逸話にもぐっとくるものがあります。

「風車、風が吹くまで昼寝かな」(広田弘毅)

明けない夜はありません。かならず夜明けはやってきます。あなたが正しく、強くある限り。

苦難にあっても、いや苦難の時だからこそ、「才をひけらかさず、正しく謙虚な態度を貫ける」というのが「大人」の証であるとともに、成功の秘訣なのです。

問い

何をやってもうまくいかない時、どうやって抜け出そうとしますか?

16

火地晋

［かちしん］

日の出の勢いの時。
頂上を目指して決して焦らず堂々と、
勇気を持って突き進め、の意。

勝負の時が来たら、
日の出の勢いで焦らず堂々と突き進め！

日の出の勢いにある時に必要なこと

高杉晋作をはじめ、人名にもよく使われるこの卦の「晋」とは、「日の出」のことです。

よってこの卦はトントン拍子の「日の出の勢い」でうまくいく、という縁起の良いものです。

そんな勝負の時は勇気を持って突き進め、と『易経』は言います。勝負にあたってひるむようではリーダーとは言えませんし、そんなことでは、誰も安心してついてはいけません。

一方、いくら力や勇気があっても品性は常に求められます。あなたが上司ならば、部下に厳しくし過ぎて反感を持たれないように。勝負事なら、相手が恨みを残すほどに、相手をねじ伏せないようにしましょう。優位にある時ほど、心を広く冷静に対処することが大切です。

奇襲戦に学ぶ「乾坤《けんこん》一擲《いってき》」の心構え

日本史上の奇襲戦からも「乾坤一擲」の心構えを学ぶことができます。「乾・坤」とは「天・地」を表し、「天か地かというほど、結果の別れる大勝負」といった意味合いです。

参考になるのは、日露戦争の勝利を決定づけた一九〇五年の「日本海海戦」です。これは当時世界最強と言われたロシアのバルチック艦隊を、アジアの小国日本がほぼ全滅に追い込んだという世界を驚かせた戦いで、世界戦史上最高の作戦との呼び声の高いものです。

これを奇襲と呼ぶべき理由は二つあります。一つはバルチック艦隊が日本軍を対等の相手と扱っていなかったこと。その証拠に、臨戦態勢とはほど遠い陣形を取って進んでいました。二つには〝名参謀〟秋山真之《さねゆき》の考案と言われる「丁字戦法」です。砲台が横向きについている艦船から同時に多く発射するため、敵の正面に対して横向きに船腹をさらす陣形を組む戦法です。しかし、これには大きなリスクがありました。旗艦である三笠みずからが先頭に立ち、敵の真正面で「敵前大回頭」せねばならないのです。「東郷ターン」と呼ばれたこの捨て身の戦法では三笠に砲撃が集中し、実際に三笠はボロボロになりました。

旗艦には総司令官である東郷平八郎も参謀の秋山真之も乗るので、まさに率先垂範で勇気と覚悟を皆に示しました。あの有名な伝令にもさぞかし説得力があったことでしょう。

「皇国ノ興廃、コノ一戦ニ在リ。各員一層奮励努力セヨ」


さらにもう一つの有名な電文にも、「乾坤一擲」の気構えがみなぎっています。

「敵艦隊見ユトノ警報ニ接シ、聯合艦隊ハ直チニ出動、コレヲ撃滅セントス。

本日天氣晴朗ナレドモ浪高シ」

これは後に「秋山文学」とも称された、秋山真之の名文と伝えられています。その背景から意味を読み解けば、そこには真之の不退転の覚悟が見えてきます。世界最強のバルチック艦隊を「撃滅（全滅）」させると宣言する志こそが見事です。

さらに「天気晴朗だけれども波が高い」とは、当時の日本海軍の持つ二つの強みから「状況がとても有利だ」と兵を鼓舞しているのです。強みの一つ目は、兵の練度です。日本海軍は徹底した習練の繰り返しで砲撃のチームワークとともに命中精度を高めていました。二つ目は、大きな爆発力を持つうえに、発する高熱により鉄を溶かす「下瀬火薬」です。つまり、天気が良ければ視界も良く砲撃の命中度も上がり、波が高ければ敵艦の上下動が大きくなるため、敵艦のどてっ腹が見えたところに下瀬火薬をぶち当てられる可能性も高まる、という痛快な成功ビジョンを全員に示したのです。実際にそのとおりの天気だったかどうかは別として、総員鼓舞のための「これほどの天運に恵まれてひるむなどあり得ない。後は突き進むのみ！」という不退転の覚悟であり、その効果は絶大でした。

以上、もちろん歴史の解釈に諸説はありながらも、後世に語り継がれる伝説には次世代への熱い教訓が込められており、学べる点は多いはずです。常に謙虚さと落ち着きを求めるイメージもある『易経』ですが、**勝負の時にはひるまず突き進む勇気の大切さもまた**、説いているのです。

問い

あなたは勝負の時、自分なりの勝ちパターンがありますか？

17 ䷝ 離為火

［りいか］

灼熱の太陽を浴びたような時。
自分の立場を見定め、謙虚に従うべき、の意。

成果を出したければ、まずはリーダーがルールに従え

偽悪《ぎあく》の人

「偽悪の人」という生き方があります。「悪ぶって見せる」生き方です。手っ取り早く人を恐れさせることができるため、気の弱い相手なら思いどおりに動かすことができます。

「人は、期待によって約束を守り、恐怖によってそれを守る」と言われるとおり、人は弱

いので簡単に約束をしてしまう反面、「その約束を守る、とくに守らせる」のはとても難しいことです。そのため、約束を守らない相手には、時に恐怖を与える必要も生じます。

「偽悪の人」の代表と言えば「一休さん」。室町時代の禅僧、一休宗純（一三九四〜一四八一年）です。真偽については諸説あるものの、「一休ばなし」が一世を風靡しました。

正月祝いでにぎわう大通りに、人骨のしゃれこうべを杖に載せ「ご用心、ご用心」と練り歩いたというお話。正月早々縁起の悪いその姿に、民衆は恐怖のあまりお屠蘇《とそ》気分も吹っ飛び、身をひきしめたとのことです。型破りの面目躍如ですね。

このように、リーダーが相手を従わせるうえで手軽な方法の一つである「偽悪」ですが、一歩間違えば、自らの起こした火が自らを焼く業火ともなりかねないリスクがあります。

織田信長は、比叡山で大量の僧を焼き殺しました。それを周りの人間にも見せることで、人々を恐怖によって従わせました。しかしながら、その恐怖政治に反発した部下の明智光秀に殺される、という最期を迎えたと言われています。

どんな大きなルールに従って行動しているかを見られている

尊敬されて天寿を全うした一休さんと、部下に攻め殺された信長の違いは何でしょう？

少なくとも、大きな理由が二つあると考えられます。

一つ目は、**行動がルールに従っているか**です。一休さんは型破りではありますが、非道ではありません。一方、信長の殺戮《さつりく》は、いくら戦国の世でも非道が過ぎるでしょう。

二つ目は、**目的がより大きなルールに従っているか**です。信長は「天下布武」を掲げて天下を統一し、戦国時代を終わらせようとしました。しかしながら、「信長に逆らえば殺される世」が、果たして本当に平和な世と言えるのでしょうか？

一方、一休さんは一見すると型破りでありながら、仏法に従って謙虚に行動し、民衆を正しい方向へと導きました。仏法であるところの、「人は死から逃れられない生き物であること」「飲み食いなどの煩悩におぼれ過ぎないようにすること」「死ねばしゃれこうべでしかない同じ人間同士なのに、豊かな者だけが貧乏に苦しむ人々をよそに富に浮かれるという間違い」などの道理を庶民に分かりやすく示すことが、その行為の目的だったからです。

悪ぶって見せた「偽悪の人」一休さんは、じつは深いところで仏道のルールに謙虚に従い、それをきちんと伝えていた、というわけです。すごいお坊様だったということが後で分かり、民衆は尊敬の念を新たにしたそうです。そして、その尊敬の念は今にいたるまで「一休とんち話」などの伝承として語り継がれています。

「偽悪の人」というリーダーシップが通用するかどうかは、行動の目的が正しいかどうか、どんな大きなルールに謙虚に従って行っているかによるのです。

問い

**あなたは、大きな目的に従って行動していますか？
その目的は何ですか？**

18 ䷛ 沢風大過
［たくふうたいか］

大いに行き過ぎる時。
身のほどを知り慎重に、の意。

想像以上の成果に舞い上がらず、一旦止まって冷静に

若い伴侶に浮かれるな

「大過」は、やり過ぎを戒めるものです。分かりやすい三種のたとえ話を紹介します。
一つ目は、ピンチにおける忍耐力と不屈の精神が求められるお話です。

家を支える大黒柱が、たわむくらいの重さがかかっている。倒れそうだ！
しっかり支えろ！　一心に支えろ！　あなたの底力が試される時だ。

二つ目は、チャレンジ精神のお話です。

大きな川を渡ろうとして頭まで水につかってしまった。大変だ！
でも、その意気込みは良い。

三つ目が面白く、若い伴侶を得た老人への戒めです。

老夫が、若い女と結ばれる。枯れた切り株から若芽が出たようなものだ。
不釣り合いを笑われるが、ひるまず頑張れ。
老婦が、若い男と結ばれる。枯れ木に花が咲いたようなものだ。
夫の若さに浮かれるな。もの笑いの種にならないよう、平常心を維持せよ。

やり過ぎは、未達成と同じ

さきほどの三つのお話のたとえはバラバラですが、最後のフォローは一貫しています。行き過ぎた時でも「頑張って支え続ける」「とにかくチャレンジを続ける」「過分な幸福を得ても平常心を維持する」といった心構えがあれば大丈夫だということです。

そのような繰り返しのなかで自分が磨かれ、独自の新しいやり方も生まれ、「あなたならでは」の個性も発揮できるようになります。そして、それが成功につながるのです。

「行き過ぎたと思ったら、丁寧に慎重に、周囲への配慮や敬意を忘れないこと。そうであれば問題はない。むしろそれこそがあなた独自の成長への道だ」と『易経』は説きます。

問い

いつも丁寧にしようと心がけているのは、どんなことですか？

19 ䷳ 艮為山［ごんいさん］

山のように動かないのが一番の時。
進むばかりでなく止まることも学べ、の意。

ブレーキを踏む勇気が大きな成果につながる

「動かざること山の如し」

止まる勇気を説く卦です。前向きに進み続けるのと同じくらい、止まるべき時には止まることも必要なのです。それを示す有名な言葉が、武田信玄が旗印にした「風林火山」です。これは『孫子』から引用し、戦争時の動きを示しました。

動く時は風のように迅速に。見守る時は林のように静かに。
いざとなれば烈火の如く侵攻し、守る時は山のようにどっしり構えよ。

要は、メリハリをつけながら、臨機応変に状況に合った対応をせよ、との教訓です。

止まる勇気が偉大なリーダーを育てる

ピンチだからとリーダーがうろうろ動き回ればどうなるでしょう。部下が報告したくともどこにいるやら分からないとなっては、チーム全体で身動きがとれなくなります。

『易経』の卦を形成する六本の線が面白いのは、一本一本の「爻《こう》」がタテ社会の人間関係を表している点にもあります。会社組織で言えば、**図7**のようなイメージです。

「止まるべき時」のたとえ話には、それぞれの階層に対する次の戒めが添えられています。

図7　卦と縦社会

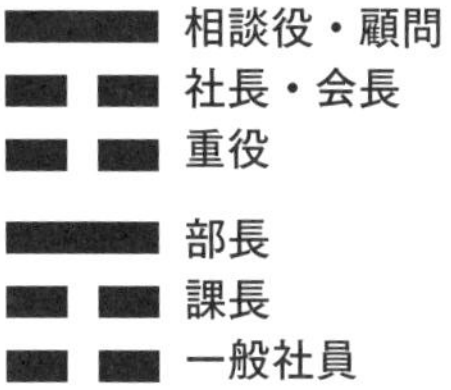

一般社員は止まるべき時に足を止めよ。転職など軽挙妄動しないことだ。
課長層は足を止めよ。上と合わなくても我慢して耐えよ。
部長層は腰を止めよ。上下の板ばさみで痛みを伴うが、柔軟性もないと折れる。
役員は自分の身を止めよ。どっしりと分を守り、時が来るのを待て。
社長は口を止めよ。「沈黙は金」風格のある人は言葉を選び、慎むものだ。
会長は一番の高みで見事に止まって見せよ。であれば見識も財力も頂点に至る。

ここでは、単なるその場しのぎだけでなく、長期的な人の成長も示されています。やはり、成功するには、それにふさわしい自分の成長をまずやり遂げる必要がありそうです。

問い

あなたにとって立ち止まるべき時は、どんなタイミングですか？

20 ䷮ 沢水困
［たくすいこん］

八方ふさがりで困る時。
努力を諦めず来たるべき変化を待て、の意。
「四大難卦」の一つ。

納得しない相手には、失言を避けながら
変化のタイミングを待て

「四大難卦」という苦しい状況を耐え抜け

この卦は、沢《さわ》（水がたまり、草が茂っているところ）から水が流れ出て枯渇寸前という、とても困った状態を表しています。19「艮為山《ごんいさん》」では「どっしりと止まれ」でしたが、ここではふさぐそばから水が漏れるので、とにかくふさぎ続けるしかなく、物心ともに困窮する時です。交渉では、劣勢で何を言っても通じず、そればかりか相手に言いたい放題言われているような状況です。

しかし、これ以上悪くなることはないと割り切り、ありのままを受けいれて黙々とやるべきです。聴くべきことは聴き、言うべきことを言いながら、耐え続けること。同時に、言い訳や弁解などは厳しく差し控えることが肝要です。こんなたとえ話で表現されています。

森で迷って疲れ果てるが、お尻が痛くて切り株には座れない。
食料にも事欠いて困った。前には進めないし進むべきでもない。
上司と部下に挟まれ、信じていた妻にも逃げられ、もう助けもない。
とうとうツタにまでからまってしまい、踏んだり蹴ったりだ。
こんな時に動けば後悔することになる。
だが、せっかくのこの機会を反省の時と位置付け、自分の非を悔い改めよう。
状況の好転を信じながら。

「時薬《ときぐすり》」によって変化を味方につける

易の大原則は「きわまれば変化が起きる。変化が起きれば通じる」です。

「時薬」という言葉もあります。あなたが苦しい状況にくじけずに努力を続けていれば、いつかかならず「変化」という救いの神は現れます。それは味方になってくれる同志の登場か、敵側に起こる変化か、もしくは自分自身の成長のことかもしれません。「変化」によって生まれた状況を味方にできるかどうかが、指導者、先導者としてのリーダーの手腕です。

「チャレンジし続ければ、かならず味方が現れる。修羅場を乗り越えたリーダーにこそ、次の成長と真の成功が訪れる」というエールを、『易経』はわれわれに投げかけるのです。

問い

不利な状況で自分を奮い立たせるには、どんな言葉が効きますか？

21

䷗

地雷復

［ちらいふく］

「一陽来復」の時。
本来の初心に立ち返って、再スタートを切れ、の意。

修羅場にじっと耐え、来る春に向けて力を溜めよう

春はかならず来る

これまで19「艮為山」、20「沢水困」など、どうしようもなく困難で身動きの取れない真冬のような状況がありましたが、冬の次には、とうとう春がやって来ます。この卦の「復」は「再スタート」を示します。これは闇に覆われた地上に日の出がのぞくようなめでたさの

ある卦形なので、「一陽来復」という別名で年賀状にも使われます。さらに「復」の字を「福」に変えた「一陽来福」というめでたい造語もあります。

この卦では「再スタート」が吉だと勧めているので、かつて諦めたことに再び挑戦するのもいいでしょう。その意味では、正月を節目として一年の計画を立てたり、しまい込んだ書道の道具を取り出し「書き初め」をするなど、「○○初め」というめでたい言葉を付けて再チャレンジの機会とすれば、きっと新たな成功にもつながっていきます。

「初心忘るべからず」(世阿弥)も、同じ意味で使われます。これは、歌舞伎などの芸事で初めてチャレンジした時のフレッシュな感性や、純粋な心構えを再び思い出し、邪念や間違った作為を戒める言葉です。「赤心」に象徴されるような、赤ちゃんだった頃のような純粋さと、人としての本来の正しい道を思い出せ、という意味でもあります。

大人になってからの悪いクセや間違った関係、悪い仲間などとは思いきって手を切り、本来の志に立ち返りましょう。

なぜ、修羅場経験がリーダーを育てるのか?

なぜ、人は修羅場を経験すると大きく成長し、優れたリーダーになれるのでしょうか?

もちろん、「負荷をかけた部分が強くなる」というトレーニングの原則どおり、青虫が大きな青虫になるような単純な成長もあるでしょう。それ以上に、修羅場経験による成長は、青虫がサナギになり、羽化して蝶になるように、「一皮むける」質的な変化も伴うのです。
自分の能力を超える難問に直面した時にこそ、弱さも含めた自分の本当の姿が見えます。人間は自分で自分の姿を見ることができない、という宿命を持っています。だから、人を導くリーダーこそが、人一倍、自分を知る努力をせねばなりません。

なぜ、修羅場経験がリーダーを育てるのか？
それは**自分の限界に直面し、それを客観視せざるを得ない体験を通じて、自らの常識など自分自身を疑えるようになり、自らを改める力がつくから**、ではないでしょうか。

問い

あなたを成長させた「修羅場経験」は、どのような出来事ですか？

22 ䷪ 沢天夬

［たくてんかい］

堤防が決壊するような時。
決断の時にはきっぱりと決断せよ、の意。

決断こそがリーダーの仕事。
自己責任で果断に、かつ慎重に

決断にまつわる不吉さ

決断の時を迫る卦です。前の21「地雷復」というめでたい卦を暗転させて逆さ吊りにしたような卦形に、不吉さが漂います。実際に、幕末の博学家で多くの弟子を育てた佐久間象山が自ら立てた易で自分自身の暗殺死を予言したという伝説もあります。

この卦のたとえ話も、力の弱ったトップが、力をつけた下層の者たちから追い落とされるものです。下の立場から見れば上を追い落とす決断であり、上の立場から見れば追い落とされる決断になります。

現代でも「働かないおじさん」など上の世代を排除する動きがありますが、そもそも世代間闘争というのは不毛な面がありますよね。一休さんも、それを戒めています。

「子ども叱るな来た道ぢゃ。年寄り嫌うな行く道ぢゃ」（一休宗純）

「上の世代などいなくなって欲しい」などと不用意に語れば、同じ論法であなたも後輩たちにとって「邪魔な上の世代」であることを、後輩たちに意識させてしまいます。**もっとも間が抜けているのは、上を追い落としたあげく、今度は上を味方に付けた後輩にその地位をさらわれることです。**主君である織田信長を攻め殺した明智光秀が、上を味方に付けた後輩の豊臣秀吉にあっという間に攻め殺された教訓からも学べるでしょう。結局今に伝えられているのは、光秀の痛恨の決断による惨めな結果と、秀吉の果断な決断への賞賛です。つまり、ただ決めればいいという簡単なものではないのです。

決断は果断に、結果をすべて引き受ける覚悟で

「『決めろ！』なのか『決めるな！』なのか、いったいどっちなの？」と迷われたあなたに、次の言葉があります。

「君子占わず」（孟子）

リーダーなら大切な決断を占いなどに頼るな、つまり他人に頼るな、ということです。なぜならその**決断こそが、あなたが皆の期待を背負い、指導する立場だからこそ行わなければならないこと**だからです。

では、なぜ「易占い」が生まれたのか？　それは、他者に頼らねば生きていけない弱者へのサポートのためだったろうと推察します。

「**僕たちは、自分で自分を決定する力を持っている。**
だから誤りを犯すこともある。
しかし僕たちは、自分で自分を決定する力を持っている。

だから、誤りから立ち直ることもできるのだ」（ゲーテ）

未来を100％予測するのは不可能です。たとえ間違ったとしても、あなた自身が「正しい」と思った道をしっかり見据え、あなたらしい決断をしましょう。

自分で考え、自問自答し、何としてもその時にぴったり合った答えを導き出す。その積み重ねがあなたにとって、そしてあなたを信じてついてくる人々にとってプラスになり、かならずや最終的な成功につながるはずです。

リーダーとして、親として、教育者としてあなたは強くあらねばならない。今こそ他人に頼るのはやめ、覚悟を決めましょう。**そして自ら決断し、その結果を潔く引き受けましょう。**

問い

あなたはリーダーとして決断する時に、何を大切にしますか？

23 ䷼ 風沢中孚

［ふうたくちゅうふ］

真心が人を動かす時。
誠の心を大切にせよ、の意。

誠意と真心が仲間をつくり、大きな仕事を成果に変える

新撰組の「誠」の旗印には、チームを一丸にする力があった

「孚《まこと》」とは「誠」の語源です。象形文字の「親鳥の爪が大事な卵を壊さぬようにそっと扱う姿」を表したと言われ、禅の教え『碧巌録《へきがんろく》』の「啐啄同機《そったくどうき》」を思わせます。これは卵から雛がかえる瞬間をたとえ話に、師匠と弟子の信頼関係や意思疎通の大切さを示すものです。

「啐啄」とは、雛が卵の内側から、母鳥が外側からつつくことを言い、それは早過ぎても遅過ぎてもダメです。雛と母鳥の気持ちがぴったり合わなければ、卵を割って雛を外に出せません。

「誠」と言えば新撰組の旗印も有名です。公募された若者たちを見事に束ね、鉄の結束を誇るまでになったのは、この旗印あってのこと。新撰組は最盛期に二〇〇人を超える規模となり、治安の悪化した京の警察組織として大いに働きました。

この卦の教えも、**いかなる困難にも揺るがない固い絆で結ばれた相思相愛の姿**です。会社で言えば、経営者と従業員が経営理念という同じ目的の下、気持ちを一つにして会社を発展させていく「パーパス経営」（後述31「雷風恒」参照）のイメージに重なります。

真の誠とは、正しさを伴った行い

ただし、一致団結して大きなチャレンジができたとしても、それにふさわしい正しさがなければすべて裏目に出るのだ、という戒めも『易経』では述べられています。

ニワトリは、天に昇ろうとしてもすぐに落ちる。ろくに飛ぶ力がないのだから。できもしないことを望んでも、決して長続きはしない。分をわきまえよ。

まるで、新撰組のその後を予言したかのようです。新撰組は勤皇の志士を独断で処刑もしたことで、薩長側から恨みを買い、戊辰戦争で京都から甲州街道を経て東北、北海道と敗戦を重ね、散り散りになりました。その多くは消息も分かりません。

新撰組には果たしてその目的や行為に本当の「誠」があったのかどうか。成功とはほど遠いその末路が、暗に答えを示しています。

『易経』には、「辞を修めその誠を立つるは、業に居るゆえんなり」という、「修辞」の語源となった言葉があります。「修辞」とは簡潔で力強い言葉を言い、誠を伝えるためには、**それにふさわしい正しさに身を置いていることが大切だ**、という意味です。

問い

あなたの誠意を伝えるためには、どのような行動が必要ですか？

EKIKYŌ
易経
The book of changes

第 四 章

良いリーダーになる

24 坎為水［かんいすい］

一難去ってまた一難の時。
どん底にある時こそ誠を貫け、の意。
「四大難卦」の一つ。

リーダーもチームも修羅場で成長する

「四大難卦」を象徴する卦

非常な困難とそれを通じた成長を象徴する水の属性を持つ「四大難卦」。なかでもこの卦は水を二つも持っています。困難を嫌がるならば凶、成長を求めるならば吉を意味します。

先述したように、良いリーダーになるには「修羅場経験」が必要であり、それが大きけれ

図8　タックマンモデル（最初の4段階のみ）

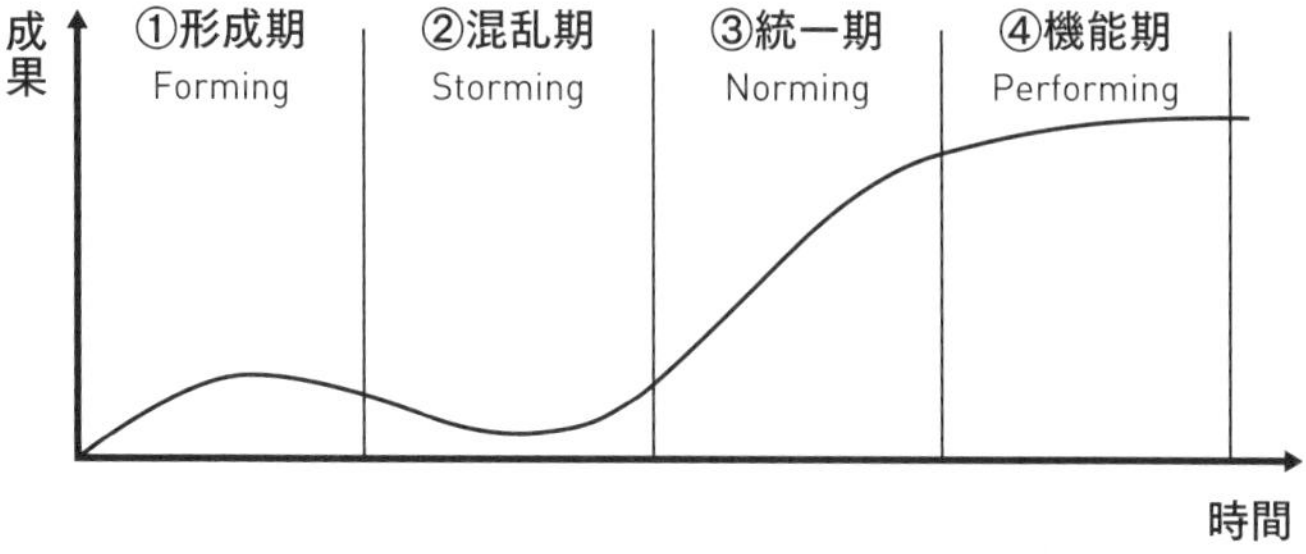

ば大きいほど、克服の暁には大きな成長が得られます。

それは、チームも同じです。

図8の「タックマンモデル」は、心理学者のブルース・W・タックマン（一九三八〜二〇一六年）が唱えたチームづくりのモデルのうち、最初の4段階です。

面白いのは、**最初の①形成期と③統一期の間に、「ストーミング（嵐）」と称される、②「混乱期」**があることです。これは実際の現場経験ともよく合います。

大きなことを成し遂げるようなチームは、決して順調にはでき上がりません。人だけでなく一流のチームになるにも、やはり「修羅場経験」は必要です。「心理的安全性」の観点からも、チームが強くなるには、強い発言や議論にも慣れていかねばなりません。

しかし、そういった発言や議論がお互いに受けとめきれる範囲ならいいのですが、どうしてもチームの弱い部分や弱いメンバーなどが受けとめきれなくなって衝突が起こります。さらに加勢がついて衝突は拡大します。大きな衝突が起こればチームは壊れてしまいます。強いチームに成長できるかどうかは、この試練を乗り越えられるかどうかで決まります。

強いチームになりたければ、この衝突はむしろ起こったほうが良いものなのです。ぜひ本気で衝突しましょう。その勇気を後押しするような名言が『易経』にはあります。

易は、変化の法則だ。
物事はたとえ困難に当たっても、行きつくところまで行けば、かならず変化が起きる。変化さえ起こせれば、それが障害を乗り越え、成果へとつなげる力となる。
そうして成果につなげられたものは、きっと長続きするだろう。

「四大難卦」が訪れるのは「天に愛された」人

失敗は成功を連れて来ます。困難は喜びを連れて来ます。あなたがそう信じ、心に誠があるならチームはいっそう強固になり、大事を成し遂げ、皆で笑える日が来ることでしょう。

そして、リーダーの成長もチームとともにあります。

非常な困難のなかにあっても、誠の心を貫きとおせば通じる。進み続ければ尊敬される。

これ以上落ちることのないどん底の時こそ、チームにもリーダーにも真価が問われます。腹を据えて日々の仕事を辛抱強くこなしていきましょう。このような時こそ徳を積み、勉学に励んで内面を充実させ、志を捨てることなく将来に備えるのです。

そう、それはまるで水に学ぶ徳のように。

プロ野球選手としても監督としても偉大な業績を残した野村克也氏は、頼まれた色紙にこう書いたそうです。

「水は方円の器に随う」

これは中国のことわざです。水は、どんな器に入れられても柔軟にかたちを変えます。四角い器なら四角に、丸い器なら丸に。つまり、いかなる状況であっても、それに合った対応ができるのです。

「天に愛された人には試練が訪れる」。「四大難卦」が訪れるのも、そういった人です。**決してムダな経験はない。つらい経験は、人を強くも優しくもします。つらい経験があるからこそ、人に優しくなれるのです。**

そしていくつになっても、十分に知識を持っていても、もっと学ぼうとする意欲はあなたをみずみずしく保ちます。水が流れるが如く、あなたを潤すのです。

問い

その時は大変だったけれど、後々ためになった経験はありますか?

25 ☲☰ 火天大有

［かてんたいゆう］

皆から立ててもらえる時。
大人らしい立派な振る舞いをせよ、の意。

リーダーの成否は傾聴にある。
多くの意見を入れる「空の器」になれ

あなたが大人《たいじん》になる時

あなたはリーダーとして、皆の太陽です。部下や後輩、弟や妹、子どもたちなど、皆があなたを頼りにしています。あなたに学ぼうと、皆が寄って来ます。そういった状況で、あなたはいったい、どのように振る舞うでしょう？

絶対に忘れてはならないのは、「あなたの恵まれた地位は、他者から見ればうらやましいものだ」という点です。あなたがいなくなれば自分が代わりにその地位に座りたいという人は、無数に存在するのです。そのため、もしあなたが隙を見せ不用意な対応を取るようであれば、すぐさま批判を浴びます。不満の対象にもなります。あなたを引きずり降ろして取って代われると思っているような人に、陰で悪口を言われているかもしれません。

現在の盛運はあなたの実力のみでなく、天の佑《たす》けがあってのことです。決してうぬぼれてはいけません。謙虚な気持ちを忘れないことが、今の地位を長続きさせるのです。

この卦でそれを示すのが、指導者の位置にあたる五爻（19「艮為山」図7参照）が陰である、という点です。ほかの五つの爻すべてが陽であり、その部分だけが陰なのです。これは**「あなたが指導者として陰、つまり陰徳を発揮する存在になることがふさわしい」**ということです。

「陰徳」の大切さ

「器は空にして用をなす」という言葉があります。**器というのは、中身が空であってこそ役に立つのだ**、という意味です。これは**「陰徳」「器の大きさ」「度量」**などと表現される陰の力で、相手の意見や気持ちを受けいれる傾聴など、包容力を示します。

持論でパンパンに自我をふくらませた上司や先輩や親に、何か提案したいと思いますか？もう頭に入る余地などなく、何を提案してもムダと考えるでしょう。

「陰徳」「陰働《かげばたら》き」といった、表には出なくても陰でそっとなされる善行があります。そうしたことのできる人がいる組織や家族は幸福です。気づかないうちに皆が正しい方向に向かい、幸福になっていくのですから。傾聴も同じです。何もしていないようでも、話をじっくり聴いてくれる存在の有難さは、あなたにも思い当たるはずです。

「積善の家にはかならず余慶あり」という名言が『易経』にはあります。これは、善行を積んだ家にはかならず幸福が訪れるという意味です。「陰徳の人」というのは一見すると損をしているように見えますが、もっと視野を広げて長い目で見れば、そういった行為の積み重ねは、当人だけでなく子々孫々にまで幸福をもたらします。

もしかしたら、自分の生きているうちには間に合わないかもしれません。でも子孫には、いつかかならず幸福が訪れます。その時、善行を積んだご先祖であるあなたに尊敬の念が起こるでしょう。反対にあなたの行ったのが悪事であれば、どうなるでしょう。

大人はたとえ何も為さなくても、度量があれば十分な存在意義があります。さらに陰徳を積めれば、きっといつか良いことがあるでしょう。あなたにも、周りのあなたを頼りに思う人々のすべてにも。その時あなたは、尊敬の対象になるのです。

問い

あなたにしかできない「人知れず自分がすべきこと」は、何でしょうか？

26 ䷓ 風地観

［ふうちかん］

人生を深く洞察する時。
見えない大切なものまでしっかりと観よ、の意。

話し合いの場では、見えないものを「見える化」しよう

「見る」と「観る」

「見る」と「観る」では意味が違います。「見る」とは見えるものを見ること、「観る」とは見えないものを観ることです。この卦名に使われているのは「観」なので後者になります。

「観光」の語源となった「国の光を観るなり」も、訪れた国の地形や建物などの外見だけ

でなく、空気感や気風、文化など、見えない部分までを観ることを意味します。しかし、そうした「観察力」には能力差が生じます。この卦のたとえ話は次のようなものです。

まだまだ子どもが見るレベルの「ものの見方」だ。目先だけでは本質を見抜けない。小人はそれでいいかもしれないが、大人がそれでは恥ずべきことだ。

今度は、のぞき見をしてみたようだな。でもそれでは視野が狭い。小さなことは何とかなったとしても、大きなことを行うのはとても無理だ。

次は、自分の生き様を観よ。常に自分を振り返って分相応に努め、一歩一歩着実に進んでいこう。

さらには、国や社会の動きを観よ。視野の広さや見識の深さがあれば、上からの引き立てを受けることもできるだろう。

最終的には自分の生き様を再びかえり観よ。超然と構え、些細なことには関わるな。大人が観察力を高め続ける努力を忘れなければ、きっともう問題はないはずだ。

『星の王子さま』のセリフ「大切なことは、目に見えない」の意味

サン・テグジュペリの『星の王子さま』の有名なセリフ「大切なことは目に見えない」は、

図9　氷山モデル

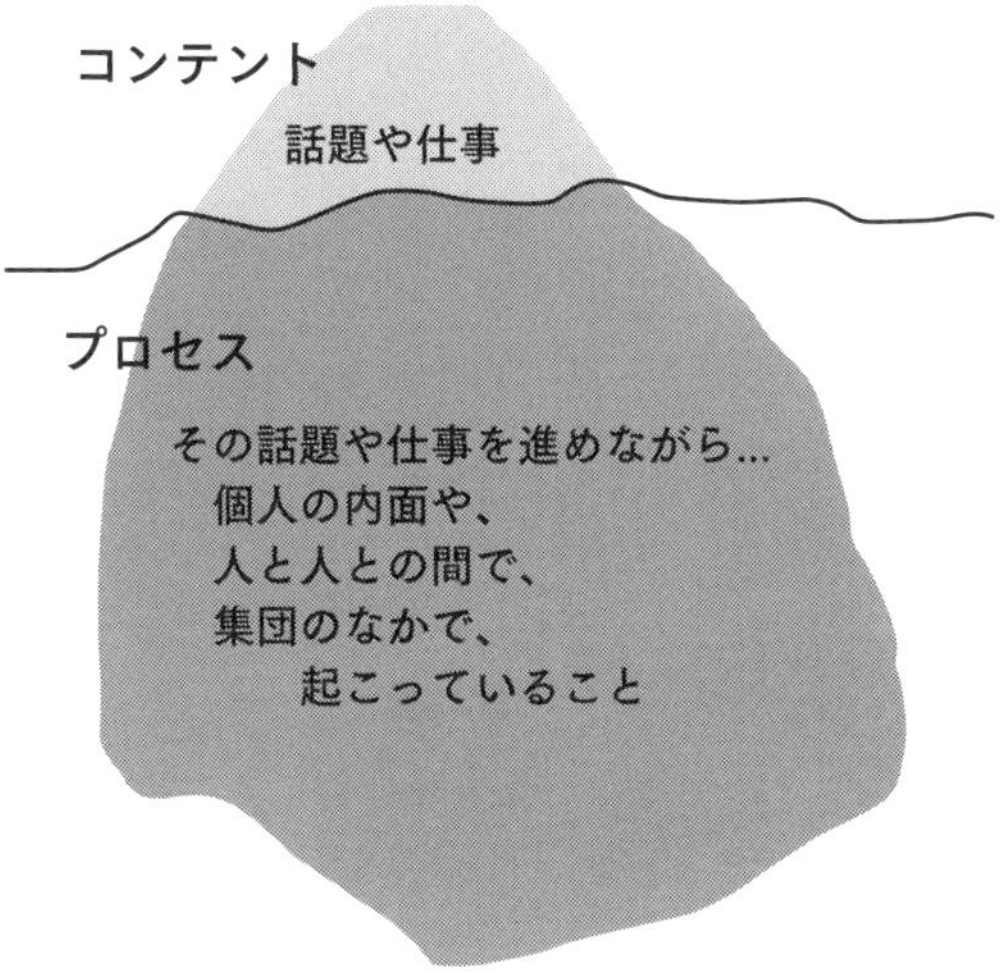

（出所：津村俊充）

世の中のさまざまなことにあてはまります。

たとえば、会議の進行役としてのファシリテーションにおいても、見えないもののほうが大切です。

場のムード、皆の感情、結論にスッキリしたのか、まだモヤモヤが残るのかなど。図9にある水面下の見えないものをいかに捉えるかで、議論の答えを導けるかどうかが変わります。

「発見の旅とは新しい景色を探すことではない。新しい目で観ること」（マルセル・プルースト）

この言葉のとおり、リーダーには見えないものを観る力がとても重要なのです。

問い

あなたにとっての「目には見えないけれど、大切なこと」とは？

27 ䷑ 山風蠱［さんぷうこ］

空よどみ、モノ腐る時。
腐敗が明らかだと分かったら手を緩めず、
変革をやり抜け、の意。

腐敗を改める時は、大胆に、一気に、徹底的に！

権力者の腐敗が明らかであれば、目上だからと遠慮はいらない

前出の22「沢天夬」では、上の世代を追い落とす世代間の闘争は不毛だとお話ししましたが、その大前提は「上が正しいことをしている」ことです。もし、権力者側の腐敗が明らかであれば、遠慮はいりません。思いきって退いていただきましょう。

ただし、権力者に力があればリスクも伴います。決して失敗のないよう、周到に準備しましょう。そして、**とにかく誠の心をしっかり持ち、大胆に一気に徹底的に、決して最後まで手を緩めぬ覚悟で変革をやり遂げねばなりません。**

では、「腐敗の度合い」はどう判断すべきでしょうか？　それを見極められれば、あなたに誠があると尊敬され、多くの味方も集まるでしょう。しかし判断が甘いようであれば、よくある反乱分子と扱われ、むしろ敵を増やすことになり、蹴散らされるのがオチです。

そういった大事な判断について、『易経』では次のたとえ話が挙げられています。

遠目ではきれいに見えた皿の上の食べ物は、よく見れば腐敗してウジが湧いている。それどころかウジ同士までが、食い合いをしている醜さだ。

これほどひどくなる前に手を打てば良かったのに、ずっと放置していたのか？

腐った部分を早く取り除かなければ、すべてがダメになってしまう。

まずは、腐敗を元から断つために、その原因となった父の失敗の後始末をせよ。

子の自分が救いにならなければならない。

次に、母の失敗の後始末をせよ。まだ荒療治まではやらずに済むだろう。
父の失敗の後始末でたとえ小さな悔いが残っても、ひるまずやり抜け。
優柔不断と手ぬるさがあるようなら、失敗をかえって大きくしてしまう。
そのまま進めば恥の上塗りだ。いったん反省し、根本から改めよう。
とうとう父母の後始末に成功した。賞賛とともに良い再出発ができる。
あなたは変革の成功者だ。後継者も育ち、あなたなしでも皆が動き出した。
さあ身を引く好機だ。あなたの高潔さを守るため、潔く後進に道を譲ろう。

このたとえ話は、とても分かりやすく書かれています。この手順どおりに丁寧に進めていけば、後戻りも少なく、きっと変革を成し遂げることができそうです。

ところで、最後の一行の凄みに気づかれたでしょうか？

成功を成し遂げ賞賛され、下が従うようになったあなた自身が、その立場に甘んじてしまうようなら、今度はあなたが腐敗のタネになるから退くべき、という戒めで終わっているのです。

最後に己を振り返り、恥を知る

人間は弱いものです。いつになっても「小人《しょうじん》」は自分のなかに棲みついています。それを決して忘れてはなりません。

自分がたとえ話のウジ虫のようになってしまわぬよう、「老害」と陰口をたたかれるような寂しい末路を迎えぬよう、成功後の慢心には十分気をつけましょう。

問い

成功した後、心がけるべきはどんなことでしょう?

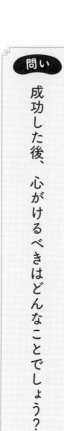

28 ䷱ 火風鼎 ［かふうてい］

安定する時。広い視野で包容力を発揮し、堂々とかつどっしりと調和を保て、の意。

合意づくりは鍋料理と同じ。じっくりコトコト煮込もう

バランスと調和は、二元論では終わらない

中国古代の王朝で使われた三本足の鍋を「鼎《かなえ》」と言います。王の権威を示す重要な祭礼に用いられるので、立派な装飾も施されました。今でも「鼎立《ていりつ》」の言葉どおり、政治や地位の安定や安泰を象徴したもので、この卦はそれに学ぶものです。

「鼎」の特徴は、三本足で安定して立ち、どっしりとした存在感があることです。「三位一体」など、三という数字はバランスや安定を示すたとえに用いられます。『易経』の教えも「中《ちゅう》する」など、バランスや安定、そして天の時との調和を重視します。

「今は、吉なのか凶なのか？」
「これは、やるべきかやらざるべきか？」
「『易経』は役に立つのか、立たないのか？」

といった単純な二元論では、この複雑な時代に正しい答えは出ません。この考え方を理解しない限り、『易経』はいつまでも難解で、腹落ちに至ることはないのです。

解決できない問題には、「第三の視点」が欠けている

問題解決には「時薬」といった、「安定させて時を待つ」という解決方法があります。企業における「技術的課題と適応課題」もその一つです。

ハーバード・ケネディ・スクールで二五年間リーダーシップ論の教鞭をとり、ハーバードの卒業生の「最も影響を受けた授業」に選ばれ続け、ＩＢＭ、マイクロソフト、マッキンゼー、世界銀行などのアドバイザーも務めるロナルド・ハイフェッツ氏。彼は、既存の方法で解決できる問題のことを「技術的問題（technical problem）」、既存の方法で一般的に解決ができないような複雑で困難な問題のことを「適応課題（adaptive challenge）」と定義しました。

「適応課題」はメタボのようなもので、投薬や手術よりも、食事療法や生活改善など長期的な取り組みが必要です。企業で言えば、風土改革や働き方改革などの体質改善がそれにあたります。命令してやらせたりルールを押し付けたり、という強制よりも、良い関係性をつくるための対話からじっくりはじめる、というのが解決策になります。

『易経』の教えである「中する」は、天の時、地の利、人の和のすべてを踏まえて考え抜く必要があります。前述した二元論の問いも、まずはこのように書き直したいところです。

「今は、吉の面は何で、凶の面は何か？　そして自分の何が好転に使えるのか？」

「これは、今やるべきかやらざるべきか？　やらねばならないなら、どうすれば良いか？」

「『易経』の問いから、天地人など多様な視点を持って、いかに自分なりの答えを出すか？」

組織の長期発展には、経営者、従業員、消費者間の調和とその協力が不可欠です。まちづくりや復興には、「若者、よそ者、ばか者」などと言われるような新たな視点が必要です。解決できない問題には「第三の視点」が必要、というヒントをぜひ頭に入れておきましょう。

問い

あなたの悩み・迷いは何ですか？　それを「自分の考え」に変えられる「第三の視点」とは、どんなことでしょう？

29 ䷔ 火雷噬嗑
［からいぜいごう］

障害物を断固として除去する時。
優柔不断な態度では
大仕事はできない、の意。

問題には断固たる処置を。
起こった問題はしっかりかみ砕け

「江戸無血開城」へと皆を導いた、知られざる名ファシリテーター

噬嗑《ぜいごう》とはかみ砕くこと。障害物がある時の断固たる処置について説いた卦です。それで筆者が思い出すのが、幕末の〝尾張公〟徳川慶勝《よしかつ》（一八二四〜一八八三年）です。功を誇らず花道を去ったことで一般にはあまり知られていませんが、筆者の地元尾張藩の元藩主で、徳川御三家筆頭大納言として、幕末の無血革命をリードしたファシリテーターと言えます。

慶勝の最大の業績は、江戸無血開城です。薩摩藩、長州藩をはじめとした新政府軍が幕府を攻め滅ぼそうと進軍するなか、見事な合意形成で内戦を回避しました。

「それは勝海舟と西郷隆盛との直談判だったのでは？」と思われるかもしれません。その会談は、勝海舟自身の自己主張によるもので場所も特定されていません。実際にはその前の山岡鉄舟による西郷への直談判のほうが決め手になった面もあり、中間管理職の勝海舟と西郷隆盛の二人だけではとても済まない大事だった、というのが実態です。

肝心なのは結果のほう。両軍の合意文書の最初にある「江戸城は尾張藩預かりとする」の一文です。

当時の慶勝は尾張藩の前藩主として実権を握りながら、同時に新政府の議定も兼務で引き受けていました。議定とは、総裁、議定、参与の「三職」の一つで、行政官庁を監督する重職です。つまり「尾張藩預かり」というのは、江戸城は将軍・徳川慶喜《よしのぶ》から尾張藩が引き継いだと同時に、新政府議定にも引き渡されたかたちになった、という見事なマジックでした。

これにより、「薩長、何するものぞ！」「おめおめと江戸城を渡せるか！」などと息巻いていた幕府軍も尾張公・慶勝の威光に矛を収め、同時に薩長も攻める理由を失ったのです。

これは世界に誇れる問題解決です。当時アジアの小国でしかなかった日本は、隣国の中国が欧米列強から侵略されていくなか、隙を見せられない状況でした。その情勢をつかんでいた慶勝としては、内戦だけは絶対に避けたいところだったのです。

この偉業には伏線もありました。まずその前の薩長軍の東上において、東海道・中山道の諸藩から神社仏閣に至るまで、ありとあらゆる武装勢力に対して慶勝の指示で四〇〇通を超える「不戦」の念書をあらかじめ提出させていたのです。

さらにその四年前、全国から一五万人もの軍勢が終結した第一次長州征討では、慶勝が総督を引き受けたことで「三家老の切腹」のみで長州を許し、将軍慶喜の反対を押し切って全軍を撤収させせました。この際、慶勝が薩摩の若手参謀だった西郷を取り立て、全国区に引き上げたことも意義深いことの一つです。つまり、後に江戸無血開城を成し遂げることになる慶勝と西郷とは、すでにこの段階で上司部下の関係にあったのです。

血なまぐさい幕末にあって、慶勝の方針は終始不戦の人道主義で一貫しており、さまざまな関係者との優れたファシリテーションを通じて、日本を明治維新に導いたのです。

雨降って地固まる……時もある

慶勝の業績については「青松葉事件」にも触れねばなりません。これは地元でもタブー視される話で、江戸無血開城の直前、一八六八年一月に起きた尾張藩内部の藩士粛清のことです。慶勝の指示とされる一四名の斬首、二〇名の処罰が突如として行われました。勅命だったなど諸説ありますが、慶勝自らこの前後の記録を焼いたようで、真相は不明です。もちろん、これに隠ぺいの意味はありません。何しろ、事件の責任者が慶勝であることだけは、すでに明らかなのですから。

この事件は、処刑されたうちの筆頭格だった渡辺新左衛門の家の別称が「青松葉」だったことから、「朝風におもひかけなし青松葉 吹き散らされて跡かたもなし」などと皮肉られ、「青松葉事件」と呼ばれて慶勝の汚点となりました。が、律義者としての慶勝の一貫した生涯から推測すれば、おそらくは慶勝よりもさらに上にあたる指示者や、独断専行した現場などの関係者の誰かをかばい、代わりに泥をかぶって事件を収めた、というのが真相ではないか、と筆者はにらんでいます。

何よりこの尊い犠牲の結果として、尾張藩内の対立は一気に解消。西郷たちの尾張通過も「まるで旅行のようなな」と言われるほどの安全が保たれました。そのことから日本は内戦が避けられ、欧米列強にも侵略の隙を与えず、植民地にされずに済んだのです。

この卦のとおり**大義のため避けられぬ「噬嗑（断固たる処置）」**との判断とは言え、犠牲者への想いもあったのでしょう。慶勝は江戸城引き渡しを見極めるや、ただちに中央政界から退きました。その後は、尾張藩の旧藩士たちの再就職を兼ねた北海道開拓支援に務めたそうです。そして現在、地元名古屋の尾陽神社とともに北海道の八雲神社にも祀られています。事件の収め方から己の引き際まで、まさに『易経』の教えを体現した生き方を貫きました。

世のため人のため、という「大義」の実現を目指す志さえしっかりあれば、障害など断固として除去できるはず。優柔不断な態度では、大仕事などできないのです。

問い

あなたにとっての「大義」とは、どんなことですか？

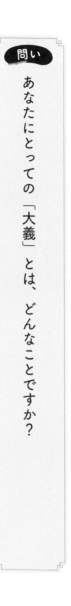

30 ䷰ 沢火革［たくかかく］

改革の時。周到に準備し、周りを巻き込み、誠意と大胆さと根気強さで進めよ、の意。

改革は中途半端な介入ではなく、根本的に着手する

君子《くんし》は豹変《ひょうへん》する

「革」をテーマとしたこの卦には、有名な「君子豹変す」という言葉があります。現代ではネガティブな意味で使われることも多いですが、そもそもは「立派な人物は自分の過《あやま》ちに気づけば即座にそれを改める」というポジティブな意味です。「豹の毛皮が鮮やかに変わる

ようにまず自分が変わる。その成長の美を示せば、周りの信頼も得られ改革も成功するのだ」という、率先垂範の徳を示す卦なのです。

改革成功の条件は、大義とタイミング。そして大胆さと根気強さ

改革を行うに際しては、その大義が正当か、その時機が適切かについて、よく考えて踏み切らねばなりません。そして、大胆さと根気強さがポイントだと『易経』では説いています。

改革にはまだ早い。
どんなに気持ちがはやっても、今は様子を見ろ。動くな。
まだ焦りは禁物。機が熟すのを待て。
内々に準備を進めよ。その日に果敢に行動できるように。
独断で進めるのは危ない。
周りの意見を聴け、議論を三度は繰り返せ。
虎の毛皮が美しく生え変わるような成長をリーダーが示せば、周りも信頼する。
誠意をもって改革を実行せよ。誠意があればきっと成功する。

リーダー（虎）が示した成長にならって周り（豹）も美しく変わっていく。
小人が本質もとらえず、面・風向きだけを変えたからと責めてはならない。
喜んでくれればそれだけで良いと考えよう。
あなた自身が内面ごと変わりながら、改革の仕上げを丁寧に行っていくのだ。
まわりへの厳しい要求は控えて、改革が自然に定着するのをじっくりと待つがいい。

改革には周到な準備とタイミングが必要です。そして周りを確実に巻き込めるかどうか。成功すれば絶大な価値があります。でも、結果よりも先に、リーダーが尊敬に値するような自分自身の成長を周りに示すことがまず必要なのだ、とも『易経』は説きます。

問い

組織を大きく変える時、まずあなたが示すべき成長とはどんなものでしょうか？

31 ䷟ 雷風恒 ［らいふうこう］

方針を貫きとおす時。
変えてはいけないのは変え続けること、の意。

変えてはいけない軸を知る人こそが、変革のリーダー

変わり続けるためにこそ、ブレない軸が必要

現代の経営環境は常に変化していますから、現状維持では生き残れません。だから、組織は変わり続けなければなりません。一方で、**変わらない軸**も同時に必要です。変化させる部分と不変を保つ部分、その的確な見極めがないと、前述の「過剰適合」の例にもあったよう

に、今は良くても次の環境変化で不適合を起こすリスクがあるからです。

「変えてはいけないこと、それはただ一つ、変えること」（東京ガス）というスローガンもあるとおり、変わり続ける大きな遠心力を維持するには、求心力も同じだけ必要なのです。それにはブレない軸が欠かせません。この卦には、次の教訓が挙げられています。

最初から深入りしようとしてはいけない。自分の力量をわきまえよ。
「継続は力なり」の時。今までの方針どおりに根気よく進め。
方針を変えてはならない。徳に欠け、節度がなければ恥をかき、信用も失う。

見込み違いで利益の上がらない時は、すべて断念して、早く手を引け。
正論もいいが、頑固で融通が利かないようでは、うまくいかない。
部下の立場なら良くても、自発性、臨機応変を旨とすべき指導者の立場では凶だ。
不動心にはほど遠い。確固とした目的もないのに、目移りばかりしている。
それでは見当はずれの努力だ。どんなに忙しく飛び回っても成果はない。

ではいったいどうすればいいのか？　この難解さにこそ、どうやら意味がありそうです。

ブレない軸は、人にも組織にも欠かせない

近年、経営戦略やブランディングのキーワードとして用いられる先述した「パーパス経営」という言葉があります。「パーパス（Purpose）」は一般に「目的、意図」と訳されますが、ここでは、企業や組織、個人の「社会的な存在意義」を軸とした経営を指します。とくに世界的に成功した企業が、「パーパス経営」を掲げています。

・「世界中の情報を整理し、世界中の人がアクセスできて使えるようにする」（Google）
・「地球上で最もお客様を大切にする企業であることを目指す」（Amazon）

まさにGoogleは紆余曲折ありながらも検索システムの開発を貫き、Amazonもさまざまな軋轢を生みながらも顧客に商品を届けることに邁進することで、ともに世界的企業への成長を成し遂げました。

要は、**自分なりのブレない軸を自分自身で考え抜いて見つけ、いったん方針を決めたら変えることなく貫く。それこそが結果として変わり続けられる秘訣と言えます。**

尊敬される指導者とは、ブレない軸を持ちつつ変わり続けることで成長を遂げられる人なのです。

問い

仕事や人生における、あなたのブレない軸は何ですか？

32 ䷒ 地沢臨
［ちたくりん］

希望に燃えて出発する時。
教育は深く思いやり、受けいれ、
繰り返し教えよ、の意。

意見がとおる時こそあなた次第。
大事な想いを正しい態度に乗せよう

希望を見出し、心を一つにするために欠かせないこと

幕末に勝海舟たちが希望に燃えて太平洋を渡った船「咸臨丸《かんりんまる》」の名は、この卦から取られました。心を一つにして協力して進もう、という呼びかけです。**お互い目的を意気に感じ、信頼厚く進めば、きっと順調に行ける。そして、それに感動する心が大切なのだと**説きます。

早稲田大学ビジネススクールの入山章栄教授が、著書『世界標準の経営理論』（ダイヤモンド社）で紹介した次の事件がこの卦を言い表しています（筆者要約）。

ハンガリー軍小隊の若い中尉が、偵察隊をアルプス山脈へ送りだした。その後すぐに雪が降りはじめて、二日間降り続き、偵察隊は戻らない……。三日目になってようやく戻った皆に、「何が起こったのか？」と聞くと、「道に迷い、これで終わりかと覚悟した時、隊員の一人がポケットのなかに地図を見つけたのです！　おかげで私たちは無事に帰り道を見つけ出しました」と言う。隊員たちの命を救った地図を見ると、それはアルプス山脈ではなく、ピレネー山脈の地図でした……。

たとえ間違った地図でも、それは隊員たちに希望を与えました。その感動の下、お互いを信頼し、心を一つにして協力し、道を見出して進んだ。これがまさに「咸臨」なのです。

「センスメイキング理論」と「ウェルビーイング経営」

入山教授はこれを経営学の「センスメイキング理論」として紹介しました。さらにそれを日立製作所フェローの矢野和男氏が、こう解説しています（筆者要約）。

「センスメイキング」とは、日本語では「腹落ち」や「覚悟」のこと。「未来が見とおせないから行動しない」というのは最悪の選択だ。覚悟をもって行動することで、未来は能動的につくられていく。

経営とは、まさに猛吹雪のなかを進むような未知の営みであり、センスメイキングとは、ビジネスにおいて決定的に重要な、未来を信じる力なのだ。

矢野氏は『易経』の教えを「ウェルビーイング（身体的・精神的・社会的に幸福な状態）経営」に活かす取り組みをされています。筆者も、その志に大いに「咸臨」する者です。

問い

周囲の人と心を一つにするために、できることは何でしょう？

33 ䷯ 水風井［すいふうせい］

陰日向なく仕事を続ける時。
人の集まる場づくりとは
誠意ある環境づくりである、の意。

人の集まる場は常にメンテナンスを欠かさず、快適に保とう

井戸から水が飲めるのは、人知れず働いている誰かのおかげ

プロ野球日本ハムファイターズを率いて日本一を、侍ジャパン日本代表で世界一を成し遂げた栗山英樹監督も、『易経』に学ぶお一人です。著書『栗山ノート』（光文社）には、「坤為地」「山天大畜」「坎為水」「水沢節」「乾為天」「雷天大壮」など多くの引用があります。

栗山監督は現役時代、メニエール病や故障に苦しみ、二九歳の若さで引退されるなど苦労をされました。そうした生きるうえでの大きな悩みを克服すべく、『易経』に学びを求められたようです。その後はそういった教養も活かし、ＴＶのキャスターから大学教授まで多方面で活躍され、五〇歳で日本ハムの監督に抜擢されました。

栗山監督の業績の一つとして、今や世界一の選手と称される大谷翔平選手を育てたことが知られています。大谷選手のすごさはやはり〝二刀流〟で、打者だけでなく投手としても超一流であるところです。世界最高峰のアメリカ大リーグで最高の選手に贈られるＭＶＰを獲得するなど、その並外れた活躍には、栗山監督による育成の環境づくりが大きく寄与しました。

栗山監督も学ばれたこの卦では、井戸をたとえに、**人の集まる場づくりの大切さ**が説かれています。井戸は古来、人が生きるために不可欠な水を供給する場として生活の中心にありました。たとえ戦争で国や村が変わることがあっても、井戸は場所を変えることなく、汲めども尽きず、訪れる人を誰でも養ってきました。

しかしながら、その井戸を維持するためには、掃除や石組み・釣瓶《つるべ》などの修理、そして何より水質の維持など、地道で膨大なメンテナンス作業が必要です。それらが一つでも欠ければ、水は飲める状態ではなくなるどころか、汲み上げることすらできなくなってしまう。そういった、大変な労務を果たして誰がやるのか？

「あなたがそれをしなさい」とこの卦は教えます。たとえ誰にも感謝されなくとも、もれなく行き届いた作業を続けること。そうした努力を続ければ、それを評価してくれる人がやがて登場し、それまでの苦労も報われ、あなたが多くの人を幸福にしたのと同じく、あなたも幸福になれるだろう、ということです。**今は日の目を見なくとも、分かってくれる人はかならずいる。認められなくても諦めることなく、その才能にさらに磨きをかけていきなさい、**とこの卦は説きます。

そもそも井戸というものは、世間の人にその水を飲まれ、喜ばれてこそ価値があるものです。人のためにと地道に頑張ったことで得られる世間の信用が、やがてあなたにも大きな恵みとなって返ってくるでしょう。

「井戸に蓋をして独占するようなことをしてはならない。奉仕の心があれば大いに吉」。この卦のそんな言葉どおり栗山監督は、日本ハム時代、投打に大活躍しチームに不可欠な存在に成長した大谷選手を、気持ち良くメジャーリーグに送り出しました。卒業セレモニーでの栗山監督から大谷選手への贈り物には、「世界一の選手になると信じています」というサインがありました。そして、その願いは見事に実現したのです。

そもそも栗山監督は、なぜ大谷翔平選手を獲得できたのか？

さかのぼれば大谷選手は、高校時代に投手として最高時速一五五キロもの豪速球を投げ、最強の四番打者としての呼び声も高く、すでにメジャーリーグからも声がかかっていたため、本人もアメリカ行きを公言していました。

そのようななか、栗山監督は「大谷君には本当に申し訳ないけれど、指名させていただきます」との有名な予告どおり、ドラフト会議で大谷選手を指名し、見事に交渉権を獲得しました。けれども、当時の大谷選手は「びっくりしたし動揺もした。評価していただいたのは有難いが、アメリカでやりたいという気持ちは変わらない」と語り、日本ハムからの誘いへの辞退の意志を変えず、最初は訪問にも応じなかったそうです。

それでも栗山監督自身による訪問も含む四回もの交渉を経て、結果として大谷選手は日本ハムへの入団を決め、そのニュースにはすべての球団が驚かされることになります。

なぜ栗山監督は、あれほどメジャーリーグ行きに固い意志を示していた大谷選手を説得できたのでしょう？

その秘密はまず、この卦の教えである「人の集まる場づくりとは誠意ある環境づくり」です。さらに次の「山雷頤《さんらいい》」にもピッタリの話がありますので、そちらで続けて謎解きをいたしましょう。

問い

あなたの周りを誠意ある環境にするために、何ができますか？

34 ䷚ 山雷頤

［さんらいい］

食うために正しい努力をする時。
使うより養え、
自分も養い他者も養うことが吉、の意。

メンバーに良質な環境を用意したうえで、良質な言葉をかけよう

説得力のある事実を束ねた言葉が人を動かす

栗山監督が自ら臨んだ「高校球児大谷君」の入団の説得で、最終的な決め手になったのは『大谷翔平君 夢への道しるべ～日本スポーツにおける若年期海外進出の考察～』という三〇ページもの資料です。これは一時期、日本ハムファイターズ公式ホームページで公開された

ことで、企業の人材育成担当者の間でも話題となりました。主な内容は次のとおりです。

(1)大谷選手の夢の確認
1．大谷君の希望、達成比較
2．MLB（メジャーリーグベースボール）トップまでの道のり
(2)日本野球と韓国野球、メジャー挑戦の実態
1．日本野球、メジャー選手一覧
2．日本人メジャー選手のキャリア一覧
3．韓国野球、MLB進出状況
4．韓国人メジャー選手中の高卒→メジャー選手の成績
5．韓国人メジャー選手のキャリア一覧
6．日本野球、その他のアマチュア→MLB挑戦者一覧
7．日本・韓国野球、メジャーにおける活躍状況まとめ
(3)日本スポーツにおける競技別海外進出傾向
1．競技別海外進出傾向の違い
2．競技別海外進出の傾向＋指標

3．若年期海外進出が向いている競技
4．若年期海外進出理由の競技別適性
(4)世界で戦うための日本人選手の手法
1．日本サッカー　海外移籍組のキャリア一覧
2．日本人らしい育成項目
3．「Global（世界の）」でなく「International（多国間の）」で戦う

これだけでもすごい内容ですが、さらに素晴らしいのが、別紙として添えられた「日本人メジャー選手一覧」です。これは選手別の活躍年代が多色刷りで帯グラフ化されたもので、これを見れば、「いきなりメジャーに行くよりも、日本で基礎体力をつけて実績を挙げたうえで挑戦したほうが、活躍の可能性が高く選手生命も長い」ことが一目瞭然でした。

企業もＤＸ（デジタル技術活用による業務改革）推進に大いに取り組んでいますが、このデータの力を存分に活用した資料は早くも二〇一二年の傑作で、今でもデータ分析の成功事例として人気があります。

ブレない方針があると、人はそこに向かって歩みを進められる

さらに栗山監督は、大谷選手に投手と打者の「二刀流」の育成方針を示しました。当初は大谷選手本人も「そんな考えはなかった」と驚き、かつ懐疑的であったものの、日本ハムへの入団会見に臨んだ際には「どっちでも頑張りたい」と二刀流への挑戦を表明するに至ります。これこそ、大谷選手が「二刀流」への第一歩を踏み出した記念すべき瞬間でした。

入団後は大谷選手の最高の練習環境をつくるため、まずは未成年という年齢を考慮し、外出制限をかけます。このため、たとえ食事の誘いであっても球団に事前に報告せねばならず、皆が簡単には大谷選手を引っ張り出せなくなりました。現に入団当初の大谷選手は、チームメイトとの食事以外ではほとんど外出しなかったそうです。入団前からスターだった大谷選手にとって、こうした誘惑や社交のわずらわしさから解放されたことは、大いにプラスだったことでしょう。

また身体のコンディションづくりも徹底され、日々のチェックから投手出場と打者出場のサイクルまでが緻密につくり上げられました。さらには登板から何日で次の登板をするかなども本人の意見を取りいれて決めました。本人の夢であった「将来のメジャー行き」も常に念頭に置き、全部自己判断で進められるよう、球団を挙げてサポートしたのです。

やがてメジャーへの挑戦を成功させ、MVPを獲得するまでの成長を遂げた大谷選手はその後、栗山監督率いる侍ジャパンで投打にわたり大活躍します。グラウンドだけでなくベンチでも控室でもチームをリードし、ウイニングボールまでをも自らが投げ、見事世界一を決めました。懐かしい師弟再会による勝利。両者にとっても感無量だったに違いありません。

これらの逸話からも、**人材育成とは、良質な環境を用意したうえで良質な言葉をかける修養である**、という指導者の徳がうかがえます。

問い

あなただったら、人（部下や後輩、わが子）を伸ばすためにどんな言葉をかけますか？

35 ䷬ 沢地萃［たくちすい］

人や物が集まり繁盛する時。決して浮かれず、用心を欠かさず、感謝と共に務めよ、の意。

人を集める時は、自分より人望のある後輩や部下の力を借りよう

大繁盛はみんなのおかげ

「萃《すい》」は集まることを意味します。人や物、お金が集まり、大繁盛の時です。あなたの株が上がり、昇進もあり、人気もうなぎ登りでしょう。また、この卦は「登竜門の卦」とも言われ、就職や試験、人事など、難しい競争でも突破できる活気あふれる時です。ただし、人

が大勢集まるからにはライバルも多く、不慮の災難も起こりやすい時です。用心を欠かさず、先輩などお世話になった方々にもこの機会にきちんと感謝を示しましょう。

後輩や部下などに対しても、たとえ自分が目上であっても出しゃばらず、謙虚さを保ちましょう。そうでないと孤立するおそれがあります。人を集めるうえでも、自分より人望のある後輩が目立つようになりますが、嫉妬心を抱くことなく、先輩面や虚栄心などはぐっとこらえ、思いきって頼ってみましょう。

この卦では、人の集まる晴れ舞台に浮かれ、つい人を押しのけて出しゃばりがちになるわれわれの小人の部分に対して、**「目立たぬ随所に主となれ」「与えられた場所で率先して動け」**といった陰の働きや陰徳を発揮する大切さを教えているのです。

問い

人を集めるために必要なことは何だと思いますか？

36 ䷇ 水地比［すいちひ］

仲良く和気あいあいと進む時。
反応は素早く、声がけには一番に参加しよう、の意。

声がけには〝いの一番〟に参加しよう。
遅れた人は相手にされない

スピードは誠意の表れでもある

仕事でも、反応のスピードは誠意の証。相手の信頼を得ることにつながります。自分の呼びかけに〝いの一番〟に駆けつけてくれた人には、やはり好意を抱くでしょう。そこに誠意がうかがえるからです。

一方、遅れてやって来る人は、呼びかけた人からどう見えるでしょうか？

「遅れてやって来るような者は、打算的で信用できず、凶」だと、この卦は伝えます。遅れる間に何をやっていたのかと考えれば、様子見をしていたと思われるでしょう。行ったほうが得か、行かずに済ませたほうが得か、というわけです。そこに相手に対する誠意はありません。来たからと言って真剣に助けてくれるかどうかと言えば、それもまた怪しいものです。実際にどうかは別としても、そのような悪印象を相手に与えかねません。

ただし仕事については、中途半端な出来栄えでは相手に見せたくないでしょう。不十分さはリスクですし、恥をかきたくないからです。でも、そのリスクを踏み越えてでも、「返事待ち」という不安な状態にある相手に配慮してこちらの進捗状況を伝える、という誠意については、十分に相手にも伝わるものではないでしょうか。

リーダーの仕事は人を集めることからはじまる

「付き合う相手をしっかり見極めよ」とも、この卦は説いています。

孫子の「戦う前に勝たねばならない」という言葉のとおり、組織やチームの成功はそれ以前の人選次第です。

さらにこの卦では、**「リーダーは完璧さばかりをしつこく追い求めるのではなく、寛大な気持ちで接することが大切だ」**と付け加えられています。「疑うなら使うな、使うなら疑うな」のことわざどおり、良いメンバーを集めた以上は信じて任せること、それがリーダーとしての成功の秘訣なのです。

問い

人を信じるために、あなたができることは？

37 ䷘ 天雷无妄

［てんらいむぼう］

策士が策におぼれやすい時。小細工は裏目に出がちなので、自然体を大切にせよ、の意。

決断は小細工せず相手の気持ちを聴き、責任は自分が取ろう

本来の正しさに従った行動を

この卦の名である「无妄《むぼう》」とは、「みだりにしない」という意味です。「策士、策に溺れる」という言葉もあるように、焦って軽率な行動をしてしまうよりも、何も動かず様子を見るほうが良い結果を生む場面もあります。**時にはどっしりと不動のスタンスが取れることも、**昔

から変わらぬリーダーの条件でしょう。

昨今、企業でも「オーセンティック・リーダーシップ」ということが言われるようになりました。**「模範的である前に自分らしく振る舞う」**というリーダーシップのスタイルです。これは、取って付けたような体裁の良い行動よりも、むしろ裏表なくブレない行動ができるようになることで、リーダーの行動パターンに対して周りからの理解が進み、結果として組織の行動に一貫性が生まれるという考え方です。

どれだけ自然体で無心になれるか。その本質は何もやらないということではなく、**どれだけ天意にかなう本来の正しさに従った行動ができるか**、です。一見すると受け身に思えるかもしれませんが、実際は自然の流れを重んじて行動していることでもあります。

姑息な手段で相手を動かそうとしたり、報酬や利益などの打算で動いたり、天意に逆らってこざかしいことをしたりなど、これら目先の損得勘定にもとづく作為的行動が生むリスクの恐ろしさについては、想像に難くないのではないでしょうか。

騎士ガウェインの決断

この卦の教えでいつも思い出す話があります。イギリスに伝わる古い伝説です。

王の命と引き換えに、醜くて性悪な女性と結婚した騎士ガウェインが、
覚悟を決めてその女性にキスをすると、彼女はたちまち美しい女性に変身しました。
驚くガウェインに、彼女は次のような選択をせまります。
「あなたのキスで、呪いが半分だけ解けました。
しかしそのせいで、私は一日の半分だけしか美しくいられません。
あなたは昼の間だけ美しいほうがいいか、
夜の間だけ美しいほうがいいか、選ぶことができます。
もし私が昼だけ美しくいられれば、
『あなたの妻は美しい』と周りから賞賛されますが、
夜二人きりの時は、醜くて意地悪な私が、あなたにつらくあたるでしょう。
昼だけ醜ければ、周囲の人から『醜い妻をめとった』と噂され、
あなたは外でつらい思いをするかもしれません。
でも二人の時には、美しい私があなたに献身的に尽くすでしょう。
さぁ、あなたはどちらのほうが耐えられますか」

あなたなら、どうしますか？

・あなたは、「昼の間だけ美しいほうがいい」を選ぶか？
・それとも、「夜の間だけ美しいほうがいい」を選ぶか？

ガウェインが選んだのは、そのいずれでもない「第三の選択肢」でした。

つらい選択をせまられたガウェインは、苦しんだ末に次の決断をしました。
「もしあなたが夜の間だけ醜ければ、
私との冷ややかな夫婦生活にあなた自身もつらい思いをするでしょう。
反対に昼間の間だけ醜くても、周囲の人に悪く言われて、
あなたが苦しむことになります。
だから私が選ぶのでなく、あなたにとってどちらが耐えられるか、
あなたが選んでください」
その言葉を聞いた瞬間、妻の呪いはすべて解け、
一日中美しいままの姿でいられるようになりました。

妻にかけられた呪いを解くカギとは「立派な騎士に愛されること」だったのです。呪いとは相手の不幸を願うものであり、それを解くカギはやはり、相手の幸福を願う愛でした。

その点、ガウェインは立派でした。妻の幸福を願う心から、自分は結果のすべてを受けいれる決断をしたうえで、その運命を潔く妻に委ねたのです。このガウェインの立派な決断こそが、この卦の心を見事に示しています。

リーダーたるものには、立派な態度とそれにふさわしい決断が、常に問われている。それを十分に意識するだけでも、結果はきっと違ってくるはずです。

問い

相手の気持ちを聴いたほうがうまくいくこととして、どんな場面が思い浮かびますか？

第　五　章

出世する

38 ䷀ 乾為天［けんいてん］

前向きに一所懸命頑張る時。
やり過ぎや独走には
十分注意しながら活躍せよ、の意。

順調に出世している時ほど、活躍を見せるな⁉

出世の裏側に生じるもの

六つの爻すべてが陽でかたちづくられており、やる気満々でひたすら天を目指して上る時を示す卦です。これが全六四卦の筆頭に置かれています。

ただし、一見すると大吉のように見えますが、そう単純には済まないのが『易経』です。

陽が強くなれば、同時に裏では、陰もまた強くなっていることを忘れてはなりません。強い光が当たれば、裏側に強い影もできます。大きな期待を受けて活躍している時こそ、やり過ぎにもなりがちです。過労や健康の心配もせねばなりません。そういったリスクは成長や成功や出世など、気負うあまりに慢心しやすい状況すべてに共通します。

成長し過ぎれば、成長痛もあります。ついてこられない周囲との人間関係にもきしみが生じます。慢心が生まれれば、本人には分からないかたちで失敗の可能性も高まるのです。

また出世し過ぎれば、妬みや恨みも買いやすくなります。02「水火既済」で紹介したように、「スタッフとして優秀だったのに、無理にマネージャーに昇進したために職種の違いに悩む」といった、理想と現実のギャップが生じるかもしれません。

出世は昇給も期待でき、励みにも誇りにもなる喜ばしいものですが、やはりそのポストにふさわしい力がなければ、成果を出すことはできません。ふさわしい人格識見もなければ、部下から反発されたり、ヨコの連携がうまくいかなくなったりなど、組織としてギクシャクするような羽目にもなりかねません。

龍の成長物語

では、順調な出世を目指すにはどうすべきでしょうか。この卦では「龍の成長物語」をた

図10　龍の成長とファシリテーションスキルの成長

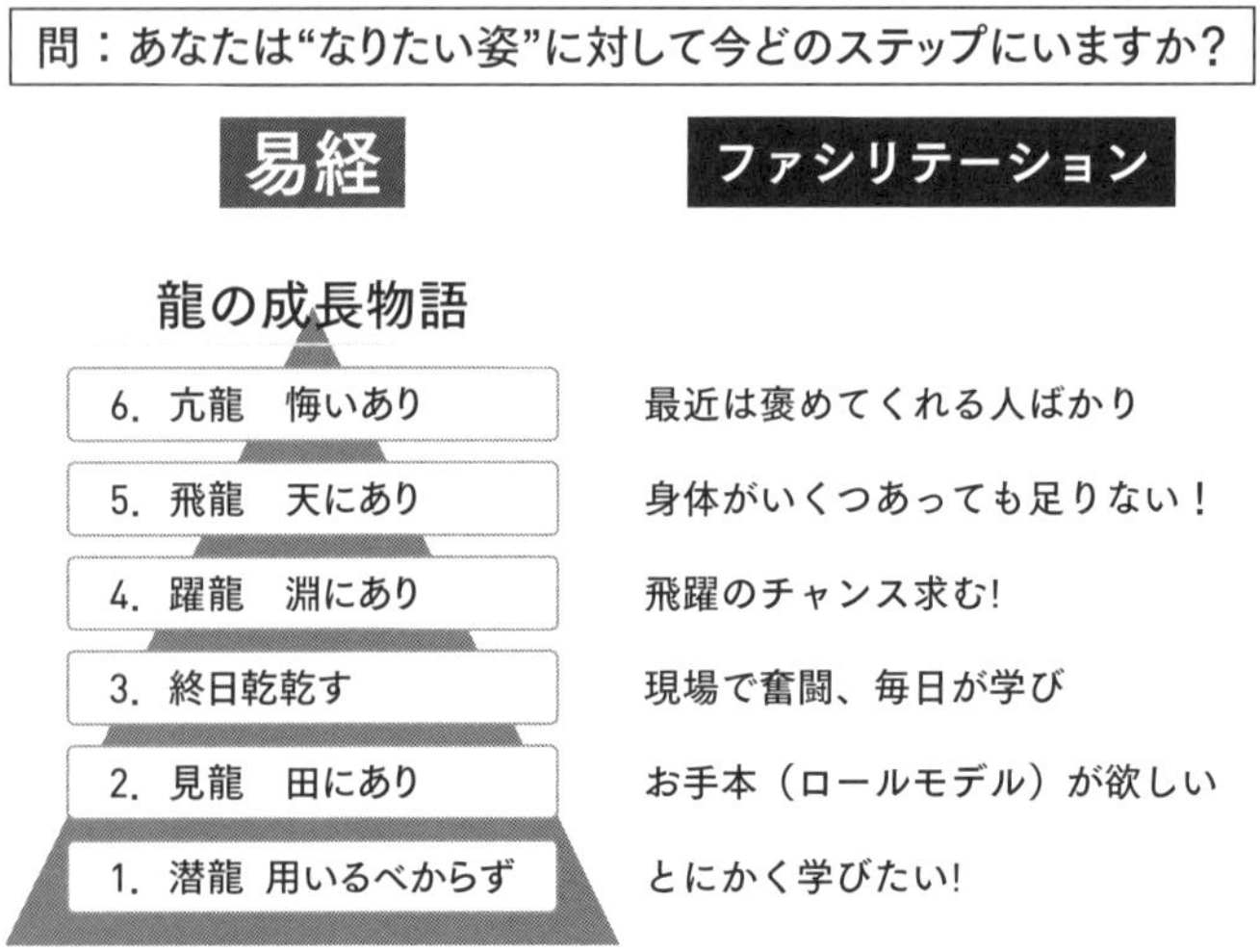
問：あなたは“なりたい姿”に対して今どのステップにいますか？
易経
ファシリテーション
龍の成長物語
6. 亢龍　悔いあり
5. 飛龍　天にあり
4. 躍龍　淵にあり
3. 終日乾乾す
2. 見龍　田にあり
1. 潜龍 用いるべからず
最近は褒めてくれる人ばかり
身体がいくつあっても足りない！
飛躍のチャンス求む!
現場で奮闘、毎日が学び
お手本（ロールモデル）が欲しい
とにかく学びたい!

出所：『超訳易経 陽』竹村亞希子（新泉社）

とえ話に、正しい成長の方向性と方法が語られています。筆者の所属する日本ファシリテーション協会では、図10のようなシートを用いてワークショップを開いています。

　この図は、左側の「龍の成長物語」になぞらえて、右側の「ファシリテーションスキルの成長ストーリー」を示すものです。自分が今どのレベルにいて、さらに上を目指すにはどうすればいいかについて、多様な参加者との情報交換や議論を通じて見つけ出そうとするものです。ファシリテーションにおける成長に関しては、次のような自問自答ができます。

第一の問い　初心者のうちからいきなり大舞台に上がるのは危ない。何から学べば良いか？　安心安全な練習の場はないか？

第二の問い　基本的なことはだいたい理解したので、プロを目指したい。お手本（ロールモデル）は誰か？　もっと現場経験ができないか？

第三の問い　一流を目指す志を得た。世のため人のために役に立ちたい。昼間の実践に不足はないか？　夜の振り返りに不足はないか？

第四の問い　頼られ、期待に応えられるようになってきた。応用力は十分についたか？　偶然の成功だけでなく再現力もあるか？

第五の問い　助けてくれる人や、学びたいと頼ってくる人が増えた。一時の成功や賞賛に浮かれてはいないか？　助けてくれている周りの人びとへの感謝は十分か？

第六の問い　褒められるばかりになってはいないか？　後進に道を譲るべきでは？引き際を逃し、次世代の成長機会をつぶしてはいないか？

出世する以前に、まずは成長し続けることが大事です。その点が本末転倒になるようであれば、結局はせっかくの出世自体を台なしにすることになるのです。

ところで、ここまでは出世を目指すのが当たり前という前提で話を進めましたが、そもそも「出世」とは何でしょう？　次の卦で考えていきましょう。

問い

あなたのさらなるレベルアップに必要なのは、どんなことですか？

39 ䷁ 坤為地
［こんいち］

一歩下がって進む時。
本質を見逃さず、引く力も身につけよ、の意。

リーダーに求められる一番の資質は、
テクニックより本質を見抜く力

陰の力の意義

この卦は、一つ前の38「乾為天」（䷀）とは逆に、六つの爻すべてが陰で成り立っています。では、大凶かと言えば、これもそう単純ではありません。それを理解するうえでは、対照的な前の卦との比較から話をはじめましょう。ここは「陽の力と陰の力」という『易経』

の本質にかかわる点なので、しっかりと理解し、ぜひご自身の身近な課題に置きかえながら、日常の行動にまで落とし込むようにしてください。

出世とは何か？

それは世の中の役に立つことです。昇進はあくまでもその手段でしかありません。

昇進を目指し素直に頑張る「乾為天」とは逆に、昇進だけではない「もう一方の生き方」の意義を説いたのが、この「坤為地」です。次の対比で読み進めてください。

・「乾為天」＝陽の力（天の徳）
・「坤為地」＝陰の力（地の徳）

天の徳と地の徳

「乾為天」では陽の力を説くために、天の徳をたとえ話にしています。対照的に「坤為地」では陰の力を説くために、地の徳をたとえ話にしています。

天は光や雨を発し、大地はそれを受けいれ、すべてを育みます。われわれは天に倣《なら》って、**陽の力という「発する力」の習得やその発揮を図ります。それと同時に地に倣って、陰の力**

という「他者の力を受けいれ、それを育くむ力」も身につけていかねばなりません。その地の徳を『易経』では「化成」と表現します。とても大切な考え方なので「化成」は多くの企業名に使われていて、それらの多くは『易経』からの引用です。

われわれは上にある天を有難く思いがちですが、発する天と、それを受けいれてじっくり育て上げる地とでは、その偉大さに差はあるでしょうか？　天だけでも大地だけでも生き物は育めません。天地はお互いに不可欠な存在、つまり陽と陰は表裏一体なのです。

「徳は孤ならず、かならず隣あり」という言葉も、陰の力の意義を示しています。陽だけに頼れば孤独になりがちです。陰であれば、育てている対象と常に一緒です。孤独に悩むリーダーはこの機会に一度、自らの陰の力を改めて意識されるといいでしょう。

あなたについてきてくれている人々に対して、あなたはリーダーとしてふさわしい「陰の力」を発揮できていますか？

思いやりを持って弱者に接していますか？

正しいと胸を張れる行動を、常にとれていますか？

それができているなら安心してください。あなたが孤独になることはありません。認めてくれる人はかならずいます。味方になってくれる人はかならず現れます。もしかしたら、もう「陰の人」がそばにいてあなたを支えてくれているのではありませんか？

もし、それにすら気づいていないとしたら、それこそが不幸な人生ではないでしょうか。

この卦では、次のような具体的なアドバイスもたくさん添えられています。

・人に譲り、裏方に徹したほうが成功しやすい時もあることを知れ
・取るに足らない言動も、積み重なれば厚い氷になる。注意せよ
・正直で品行方正で大きな徳を持つ、それがゴールだ
・才能はむやみにひけらかさず、発揮するタイミングを待て
・日常の当たり前の仕事に徹し、くさらず本分をまっとうせよ
・袋の口をくくるように口を慎み、散財を控え、平々凡々と過ごす勇気を持て
・陰の力を実践し、温厚な天子のように光り輝け

これほど「陰の力」は大事だということです。

「出世」とは、世の中に役立つことです。その目的を決して見失ってはいけません。

「名利だけをむやみに追うようであれば、人生は戦いになる。そうなればあなたは傷つき血まみれになって、むなしい末路を迎えることになるだろう」

そんな戒めで、この卦はしめくくられています。

問い

あなたにとって「出世」の目的とは何ですか？

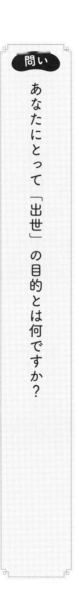

40

䷐

沢雷随

［たくらいずい］

立派な人に従う時。
立派な人物に徹底的に従うことで充実した生き方ができる、の意。

従うべき上司か否かは、不正のリスクで見分けよう

「随（従）う」の本当の意味が分かれば見えてくること

「従う徳」について説いた卦です。前の卦で「陰の力」についてお話ししましたので、その理解をもってさらに深いところに入っていきましょう。

「従う」と言っても、ただ何でも言うことを聞けというわけではありません。まずは自分

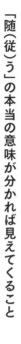

自身の問題として、「出世＝世の中の役に立つ」という目的をしっかり据え直しながら考えましょう。そのうえで**「従う」とは、相手を信じて学び、感謝と誠意をもって相手の力を受けとめ育み、その結果をすべて受けいれる勇気を持つ**、ということです。

これには大前提があります。相手が、あなたが従うにふさわしい人物であるかどうかを、まず見極める必要があるのです。

これは決して、上司を選り好みせよという意味ではありません。むしろ逆です。**「従う相手が見つからない人生では意味がない。それを見つけるのは自分自身の最重要課題であるから、人生をかけて真剣に取り組む必要がある」**という意味です。つまり、**従う相手が見つからないのであれば、あなた自身に足りない点があるからなのだ**、と考えましょう。

従う相手を見つけることは、決して簡単な仕事ではありません。人生の重大事業です。その点を、深く理解しておく必要があります。そのヒントが白隠《はくいん》和尚（一六八六〜一七六九年）の禅画にあります。花園大学の芳澤勝弘教授による絵解きとともに図11でご紹介します。

禅画とは、仏の心を伝えることを目的として書かれた絵です。

図11をご覧ください。この絵には、中央に怖い顔をした大きな人物と、その下に従う姿勢を示した小さな人物の姿が描かれています。下の人物は叱られているのでしょうか？

図11　白隠《雷神》

（所蔵：霊洞院　画像提供：花園大学国際禅学研究所）

絵の上部に書かれた文章を読んでみましょう。次のような意味のことが書かれています。

「雷神が、風神宛てに手紙を書いており、庄屋に届けさせようとしているところ」

絵のなかにある手紙文も読んでみましょう。こういう意味の内容です。

「こちらが雷を光らせるから、悪いけど雲たちにも来てくれるように言ってくれないか？」

これらが分かれば、絵の印象もがらりと変わります。中央は怖い人物かと思えば、じつは雷神様であり、どうやら雨を降らせようと、相棒の風神様に手紙を書いているのです。

下の人物は庄屋さん、つまり農民の代表です。その人が頭を下げているということは、この雨を降らす段取りは、農民たちが雷神様にお願いしてやってもらっているのです。

雷神様は庄屋さんを叱っているのではなく、反対に、農民たちの依頼にしたがってひと肌脱いでくれているわけです。さすがは神様、すばらしい徳をお持ちです。


その状況を「鳥の目」で俯瞰すれば、さらに深い背景の構造をうかがい知ることができます。どうやら雷神様といえども、一人で雨を降らすことはできないようです。風神様や雲たちの協力が必要であり、その力を頼むため、手紙文には感謝と誠意が込められています。

ここで思い出すのが、38「乾為天」の龍の姿です。龍は東洋では、西洋のようなモンスターとは異なる水の神であり、世の中の役に立つような立派な人物を象徴しています。したがって、「龍が天に上る」のは「人々に恵みの雨を降らせる」姿と言えます。人口のほとんどが農民だった時代、偉大なリーダーに期待される最大の徳とは、田畑への水の供給だったのです。政《まつりごと》の中心に、雨ごいや治水もあったのです。

「乾為天」でも語られているように、リーダー一人が先走り、周りがついてこられないようでは、決して大きな成果は出せません。風や雲や雷がついてこられず、龍だけが天に上っても雨を降らせることはできないのです。そこから得られる教訓が「陰の力」です。

リーダーは、自分を支えてくれる周りの人々への感謝や信頼、誠意を忘れてはいけません。

フォロワーがリーダーに従う必要があるのと同じくらい、いやそれ以上に、現場においてはリーダーもまた、信じて任せたフォロワーに従う必要があるのです。

さらに俯瞰して見れば、白隠がこの絵に込めた深い意図にも気づけます。

そもそもこの絵は、誰に渡すために描いたものでしょう？

同じ禅僧の一休さんの伝説に、このようなものがあります。

庄屋「うちがもっと豊かになるように、めでたい書を書いてもらえませんか？」

一休「よしきた。こうだ『父死ぬ、子死ぬ、孫死ぬ』」

庄屋「何てことを！　縁起でもない！」

一休「何を言う！　子や孫が先に死ぬほどの不幸はない。この書の有難さが分からぬお前は欲まみれなのだ」

図11の例にこのロジックを当てはめれば、貧しさに苦しむ農民を顧みず、豊かな自分がさらに欲を出そうという庄屋さんに、白隠和尚も「おまえが今やるべきはこれだろう」と、「め

ぐたい書」を渡したのではないでしょうか。**自分一人の豊かさを追求するのではなく、自分を支えてくれている弱者の苦しみや陰徳にも目を向ける。**これこそが立派なリーダーの姿です。

この禅画が仏の心と伝えるのは「従う徳」です。庄屋は農民たちの依頼に従い、雷神は庄屋の依頼に従い、風神や雲は雷神の依頼に従う。それぞれの従う姿勢がつながって信頼関係のあるチームとなり、恵みの雨という天の徳を招き、農作物の生育を促す地の徳へとつながっていくのです。

「出世」とは、立派な人物を見極めて徹底的に従うことでもある。これができるようになれば、あなたからも迷いが消え、充実した生き方ができるようになるでしょう。

問い

あなたの周りで従うべき人は誰ですか？どんなところに惹かれましたか？

41 ䷵ 雷沢帰妹

［らいたくきまい］

順序が逆でチグハグな時。理不尽な目に遭った時こそ品性を輝かせよ、の意。

後輩に先を越された時にこそ見せるべき三つの品性

「先を越される苦しみ」は誰もが当然抱くゆえに

この卦は、結婚をたとえに品性や陰徳の大切さを説いています。結婚を焦る気持ちは今も昔も同じなようで、次のような結婚はうまくいかないから時を待て、と説いています。

・身分のつり合わない結婚
・押しかけ女房
・「姉よりも先に結婚したがる妹」のように、先を争う控え目さのない結婚願望
・欲得など、邪な狙いのある求婚
・夫婦ともに誠意や愛情の見られない、かたちばかりの冷めた関係

結婚願望が高まると、本来の目的であるはずの「自分と相手の幸福」を見失い、結婚という手段を目的化してしまいがちです。結婚だけが幸福を保証してくれるわけではないというのに、このような分かりきった失敗をしてしまうのが、われわれの心に棲む「小人」です。本来の目的であるはずの「世の中の役に立つこと」を見失い、昇進や名利だけを目的化してしまう先述の出世への誤解と同じです。

「慎独」のすすめ

分かりきった失敗をしないためには、毎晩しっかり一日の行動を振り返り、自問自答し内省し、心のなかの小人に言って聞かせることが必要です。それを「慎独《しんどく》」と言います。誰も見ていないところで、誰も見ていないからこそ、独り慎むことが大切です。

それを助けるべく、この卦では次の三つの品性をアドバイスとしています。

・**満ち潮の時まで焦らず悔まず、辛抱強く待機せよ**

・**満月に近づく月のように、ゆかしい婦人のように輝ける陰徳を示せ**

・**見かけの損得より誠を取れ。あなたの心の美しさが大いに人の心を打つのだ**

身のほど知らずの欲望や成功は、順序の違いから、あなた自身を混沌へと誘うのです。

問い

あなたが慎みを失いやすいのは、どんな時ですか？

42 ䷄ 水天需
［すいてんじゅ］

今はとにかく待つ時。
待てばチャンスも助けもかならず来る、
今は力を蓄えよ、の意。

トラブルを押し付けられたら、じっと待て。智者が集まる

穴にはまり込んでしまった時の最善策は「助けを待て」

前出の15「地火明夷《ちかめいい》」（䷣）とは上下左右が正反対なかたちのとおり、一周まわって同じ教訓が語られています。「地火明夷」は何をやってもうまくいかない真っ暗闇の状況でしたが、この「水天需」では穴にはまり込んで身動きが取れず、助けを待っている状況です。

実際、穴にはまり込んだらどうすれば良いでしょう？　ジタバタして脱出できるなら頑張ってもみますが、どうしようもない状況ならば、むしろじっと助けを待ち、飲食をしっかりとって力を蓄えるほうが前向きかもしれません。『易経』には次のアドバイスがあります。

・静観し、あなたの持ち前の実力や知識の手入れを怠らず、さらに磨きをかけよ
・むやみに変化を求めず、日常のことをとにかく続けておけ
・時間が解決してくれる。動揺せず、口論を避けよ
・ジタバタせず、息を殺して待て
・力強い援助がきっとある。脱出の時までじっと待て
・飲食をして英気を養い、心安らかに悠々と待て
・不意の来訪も丁重にもてなせ。思わぬ人から思わぬ援助が得られるかもしれない

貴重な修羅場経験の過ごし方

あなたが今直面する苦難とは、人から押しつけられたトラブルかもしれませんね。お察しします。しかしながら、そういう時こそ、あなたの立派さを見せるチャンスです。

「自分のせいじゃない」と逃げることもできるのに、あなたはそれを自分ごととして引き

受け、見事に解決して見せる。そんなあなたの素晴らしいチャレンジを見た周りの人たちが、強い味方になって集まってくれるかもしれません。**「あなたが正しければ、じっと待てば智者が集まる」**とこの卦も説きます。**チャレンジし続ければかならず味方が現れる。**筆者も実務を通じて何度もそういった感動を経験しています。

他者のために役立とうとすれば、苦難の時はかならずやってきます。いわゆる**「一皮むける成長のための修羅場経験」**です。その時の過ごし方こそが大事です。

苦しい時こそ前向きに。自らの力を蓄えるとともに、周りの存在もしっかり意識して、少なくとも決して失望だけはされないように振る舞いましょう。

問い

「修羅場経験」を糧とするために必要な心構えとは?

43 ䷏ 雷地豫［らいちょ］

楽しくうれしい準備の時。
出世するにも十分な能力と覚悟など、
準備が求められる、の意。

転職は、社外でも通用するスキルと覚悟ができてから

うれしい時の注意点

この卦の「豫《よ》（予）」とは、喜び楽しむことです。苦しい時の教訓だけでなく、うれしい時の教訓についても書いてあるのが『易経』の面白いところです。陰の裏には陽が隠れており、陽の裏には陰が隠れている、というのが一貫した視点です。

会社生活にもうれしい時期はありますよね。昇進が伝えられた時や、社外からのスカウトを受けた時など。そのような時に注意すべきこととはいったい何でしょう？

まずは昇進の時です。自己満足にひたって怠惰になったり、慢心して脱線したりしがちです。思い出しましょう。世間には、あなたの昇進を喜ぶ人ばかりではありません。裏には妬みを感じている人、あなたにポストを取られて恨みを抱いた人もいるかもしれません。

ただし、昇進を喜ぶなと言っているわけではありません。**「その程度で満足するのか？」**と自分に問いましょう。「好事、魔多し」と言うように、じつは良い時こそが油断大敵です。**実力も不十分なうちに、慢心したり遊び呆けたりするようではいけません。**

昇進したからと言って、（まだあなたに恩も感じていない）部下があなたのために働くのは当たり前だ、などと勘違いしてはいませんか？　上司の関心を買って昇進した成功体験に酔い、上ばかり見てへつらい喜んではいませんか？　たかが昇進したぐらいで、自分が上等な人間だと勘違いし、高望みばかりしてはいませんか？

「早く己の真の姿に気づかないと後悔することになる。身のほどを知り、分相応を心がけよ」とこの卦は説きます。**他人をあてにする前に自分から率先垂範する。**これはあなたが指導者として尊敬されるために不可欠なことなのです。

転職でかならず失敗するパターン

社外からの転職の誘いに対してはどうでしょうか？　これも同じことが言えます。まず社外でも通用するスキルが自分に身についているのか？　それにふさわしい能力があるのか？　何より、転職という大変な変化に耐える覚悟と準備が本当にあるのか？

筆者は企業の人事担当として、多くの転職者を見てきました。まず一つはっきり言えることは、転職の成功は運や相性よりも「本人の努力次第」だということです。

たとえ同じ時期に同じ職場に転職した人同士でも、成功と失敗が分かれます。なかでもかならず失敗するパターンは、「新たなスキルを得るために転職する」という発想です。

中途採用は「キャリア採用」「経験者採用」と呼ばれるとおり、新たな職務にふさわしい能力を持った人を募集します。「今の会社では経験できない職種なので、チャレンジしたくて応募しました」という発想ではズレていますし、そもそも論外です。それは新卒採用や社内公募の発想であり、万が一、採用に至ってしまえば悲劇です。その仕事に必要な能力が、まだその人にはないのですから。

中華民国初代総統の蒋介石《しょうかいせき》の名は、この卦の「石にかじりついてでも頑張る」から取られています。これは、誘惑に負けずひたすら努力することの大切さを示しています。

また、「一病息災《そくさい》」という言葉にあるように、「持病のある人は、身体を労《いた》わるのでかえって長生きする」。つまり、うまくいかないことがかえってプラスに働く、という現象についても語られています。

いずれにも共通するのは、「うれしい誘いを喜ぶばかりではダメだ。石にかじりついて頑張るほどの努力や覚悟があるか？　持病のある人が用心するように用心を重ねたか？」という問いです。出世するためには転職もチャンスになるとは言え、それには十分な能力と覚悟もまた求められるものなのです。

問い

あなたの持つ「ほかの職場でも通用するスキル」は何ですか？

44 ䷺ 風水渙 ［ふうすいかん］

良いことも悪いことも離散する時。
環境の変化には臨機応変にゼロから対応せよ、の意。

社外でも通用するスキルを得たら、来た船に乗ろう！

吉にも凶にもなる「散らす」の使い方

『易経』にはユニークな教えも多く、なかでもこれは「散らす」ことの徳について語られた卦です。「散らす」とは、今までの苦難から解放され、悩みが退散し、長引いた問題には打開策が見出されるという良いイメージがありますが、職を追われたり一家離散したり、契約がキャンセルされたりするなど、安定していたものが散らされてしまう悪いイメージもあります。ただし、それにもまた陰陽があって、会社や家庭が分散した状況とは決して悪いことばかりではなく、ゼロの状態から新しいスタートが可能だと考えることもできます。

この卦は、「吉凶ともに散ってしまう時」をたとえ話として、**一度すべてをリセットし、リスタートする気持ちになれば希望が生まれてくる**、と説きます。新たなスタートラインに立って気持ちを引き締め、仲間と一丸となって頑張れば、きっと苦労が報われるような喜びが訪れるでしょう。「散らす」時とは、現状を打開し挽回する絶好のチャンスなのです。

この卦のたとえ話には、出世のステップの各段階にふさわしい「散らし」の興味深いアドバイスがあります。成長のステップの順に下からポイントをご紹介します。

一　まだ力弱い未熟なうちは、強き人の援助を求めよ。そうすれば悩みは退散する

二　有力者の援助をもっと求めよ。気を散らさず基礎を固めて安定させることだ

三　利己心を散らせ。自分の身を粉にして全力投球する時だ。体裁などにこだわるな

四　古い派閥を解散させよ。そうすれば高い志を持った仲間が新たに集まるだろう

　　凡人の発想ではこれ以上は進めないのだ。広い視野と大胆な行動力が必要だ

五　自信を持って初志を貫け。皆に宣言して大仕事にチャレンジせよ

自ら汗を散らす労を惜しまなければ、きっと得るものがあるはず

六　自ら争いの多い現場から速やかに散り（退き）、安住の地を確保せよ

あなたが志の下、一貫した努力ですでに社外でも通用するスキルを得たならば、五の段階にように「来た船に乗ろう！」ぐらいの勢いで臆病心を発散・して、思いきったチャレンジをすべきです。そのほうが、これまでにない成長や成果がもたらされることでしょう。

このように「出世」とは、その段階ごとに新たに直面する状況に応じて、時々に合わせて押すばかりでなく、引く、散らす、といった臨機応変な発想が要求されるものなのです。

問い

「散らす」発想でうまくいきそうなことは、どんなことでしょうか？

45 ䷙ 山天大畜

［さんてんたいちく］

大いに蓄積ができた時。
自分のやるべき「宿題」が天職だ。
全力を尽くせ、の意。

身内の利益より社会に役立つ仕事が天職になる

成功は、過去の蓄積が保証する

この卦は、「蓄積」の徳について語られています。目的は「大業を成し遂げる」ことです。そのために、「基盤の蓄積に努めよ」「実力や知識を蓄えよ」「外に出て、大いに社会の荒波にもまれよ」といったアドバイスがたくさんあります。

一方で注意点としては、「身内の利益より社会に役立つ仕事を選ぶこと。そうすればきっと天職にも出会えて、これまで蓄えたものを遺憾なく発揮できる」と添えられています。侍ジャパンで世界一という「大業」を成し遂げた栗山監督の著書にこうあります。

「障害があっても一歩ずつ前へ進み、その過程では周囲の人たちに誠実に接する。物事を斜めにとらえずに、真正面から誠実にとらえる。そうやって蓄えた力は、いつの日か自分を輝かす光源となる。自分だけではなく、周りの人をも明るく照らす大きな光となっていく。

短期間での目覚ましい成長や著しい進歩も、努力の貯金によって蓄えられた力がある瞬間に顕在化したものだと、私は考えます。うまくいかなかったこと、やり切れないことに出会ってしまったそのときこそ、それまで以上の努力を自らに課したいと私は考えます。」（『栗山ノート』栗山英樹／光文社）

そのとおり、成功はあくまでも過去の蓄積によるものです。慢心は禁物であり、周りへの誠意と努力の大切さを忘れてはなりません。各成長段階にふさわしいアドバイスがあります。

一　まだ機は熟していない。まず内面の充実を図れ
二　実力が蓄えられてきた。でも、今はまだ踏み止まって現状維持に努めよ
三　あなたの実力をさらに磨く、努力を続けよ
　　今の頑張りがきっと、後に実となり花となるはずだ
　　目上の人からも大いに認められるだろう
四　多少の束縛などものともせず、とんとん拍子に事が運ぶだろう
　　ただし、事のはじめには、十分な注意を払うこと
五　実力のある人たちが、あなたについていきたいとたくさんやって来る
六　蓄積を思う存分発揮せよ。長い間に願ってきたこともきっとかなうだろう
　　あなたが成し遂げる大業を妨げるものは、もう誰もいないのだ

「出世」とは、世の中の役に立つことです。あなたの仕事は、きっと成功します。いや、天に愛されたあなたの試練として、その大業を何としても成功させてください。

現代は正解のない時代です。一人ひとりの人間がそれぞれの現場で「自分の宿題」を見つけて取り組むべき時なのです。

投資家のジム・ロジャースが「Do your homework（それは君の宿題だよ）」と言っているように、自分のやるべき「宿題」を見つけたら、それこそがきっと天職。勇気を持って労を惜しまず、広い視野と高い視座で仲間の輪を広げながら、どんどん先へと進みましょう。

問い

あなたにとっての「天職」とは何ですか？

EKIKYŌ
易経
The book of changes

第 六 章

財を増やす

46

䷨

山沢損

［さんたくそん］

損して得取る時。
自分の得た分を減らしてでも、
他人の分を増やすことを考えよ、の意。

「利は義の和なり」。
今の損を未来の得につなげるなど、長期的視点を持とう

西郷隆盛が賞賛した「損を恐れぬ生き方」

この卦は「損」の徳について語ったものです。西郷隆盛の有名なセリフを思い出します。

「命もいらぬ、名もいらぬ、官位や肩書きも金もいらぬ、という人は扱いづらい。

だがこのような扱いづらい人物でなければ、困難をともにし、国家の命運をかける大事を一緒に成し遂げることはできない。でもそういった人物は、なかなかお目にかかれない。真に道理を行う、正しく生きるという覚悟が必要だからだ。」

（『西郷南洲遺訓』より筆者要約）

「世のため人のため、命も名も捨て、金も欲しがらず」という生き方は素晴らしいです。が、その実行には勇気がいります。**自分が損するのではないか……**と心配になるからです。改めて「損」とは何でしょう？　お金に置きかえれば分かりやすいでしょうか。

お札は紙とインクでしかありません。そんなものを皆が欲しがるのは、経済活動を通じてほかのものと交換できるからです。

つまり、お金の価値とは「交換価値」です。より大きなお金があればより大きな価値のあるものと交換できる。だから、より多くのお金を皆が欲しがる。ここにこそ、「お金を欲しがること」の根本的な問題があるのではないでしょうか。

実際に欲しいものがあれば、そのもの自体を欲しがればいいはずです。でも、どんなものよりお金が欲しいとなると、まったく意味が違ってきます。欲しいものがないのに欲しがる、つまり「欲そのもの」が動機になってしまいます。ましてや、いくら欲しいという限界を持たず、他人と比較してお金の損得に一喜一憂する、というのでは本当にキリがありません。
「幸福」を研究する米カリフォルニア大学のソニア・リュボミアスキー心理学教授によると、実際に世界中で行われた幸福度調査の多くが、「年収600万〜800万円程度が幸福度のピーク」であることを示しているそうです（『幸せがずっと続く12の行動習慣』日本実業出版社）。つまり、ある程度の年収があれば、人間は十分に幸福になれる。逆にそれ以上のお金があると、さらに欲をかき、幸福ではなくなるのです。

損得は生きる手段であり、人生の目的ではない。損得に費やす人生こそ、大損である。だから損得だけではない人生を求めなければならない。ここに生き方のカギがありそうです。

財を増やすだけで終わりではない人生を真剣に考える

では、財産や損得を超えた人生の幸福とは何でしょう？
せっかくこの世に生を受けたからには、恥ずかしくない立派な生き方をしたいですよね。でも立派な行いはそれが立派であればあるほど、逆に「売名行為」など嫉妬や批判にもさらされやすくなります。

「士は己を知る者のために死す」（司馬遷『史記・刺客伝』）

人生の終わりまでには、自分の生き様を認めてくれる人に出会いたいものです。そしてできればその人の役に立ち、幸福にし、そのような自分の働きに満足して死にたいものです。それが本項の冒頭で西郷さんが語った慨嘆であり、その真理を『易経』はこう説きます。

「利は義の和なり」

正しいことを積み上げていけば、きっと良い結果がもたらされる。自分の得た分を減らして他人の分を増やしていけば、いつか巡り巡って自分にも還ってくる。われわれが日々できる最善のことは「ほかの人の益のために自分が損をすること」だと教えるのです。

問い

あなたにとって損得を超えて大切にしたいことは何ですか？

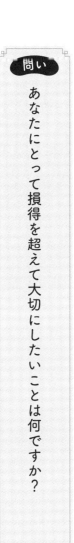

47 地風升

䷭

［ちふうしょう］

一歩一歩昇る時。
順調な時こそ、
裏に隠れたリスクに目を向けよ、の意。

結果を急ぎたい時ほど、逆にゆったりと動いたほうがいい

順調に増している時こそ必要な注意とは

「お金を増やしたい」方にとっては不都合な話ばかりかもしれませんが、最後まで聞いてください。『易経』は物事を「陽と陰」の両面から観て、常に「裏に存在するもの」に目を向けます。結果として、**長い目でリスクも減らせますし、成果もより確実に長続きするよう**

になります。その意味では「裏から見れば」と多面的な分析力を身につけることが必要で、それができた時こそが、『易経』を習得できた瞬間です。すでにそれが習慣化できた方にとって『易経』の教訓は難解ではなく、まさに「易」で易しいはずなのです。

この卦の「升《ます》」は、日本語で「増す」と同じ読み方をする縁起の良さから、尺度や神事、贈り物などにも用いられ、中国語でも「昇り進む」という縁起の良い意味を持ちます。象形文字としても、種子が発芽・生育する様子を表現し、ポジティブなたとえ話が多いです。

・土台を固めて環境を整え、生命力を蓄えながらゆっくり大切に大木にまで育てよ
・大きな理想を掲げ、小さなことをコツコツと積み上げていく粘り強い姿勢を持て

順調な時こそ裏に隠れたリスクに目を向けよといった戒めとして、『易経』にはさらに多くの言葉があります。

・自分を先に立てずに、目上の人を立て、志を合わせて着実に進め
・昇り進む時は、誠の心を忘れるな
・誠があるなら、祭りや飾り、贈り物は質素なほうが信頼される

・自分の立場をわきまえ、欲を控え目に、かつ誠意をもって努めよ
・達成まで時間がかかるからと途中で放棄すれば、一生後悔するようなはめになる
・決して、自分だけの利益を求めるな
・思いもよらない昇進や玉の輿のチャンスを得たら、周りに配慮し助力を求めよ
・昇り過ぎ、止まることを知らないと気づいたら退き時だ。自ら見切りをつけよ

お金が増える最大のリスクは「自らの欲が増すこと」です。得るものが増えた時こそ、自分の分を減らしてでも他者の分を増やす、今の分を減らしてでも投資で将来の分を増やす、といった誠意が大事です。

問い

あなたが大切にする「お金で買えないもの」とは何ですか？

48 ䷕ 山火賁 ［さんかひ］

見栄を捨て内面を充実させる時。価値を失った虚飾は捨てよ、の意。

財産を増やすなら、「ときめきのない虚飾」から捨てていこう

表面的な美しさに目を奪われるな、外見だけを飾るな

「賁《ひ》」が表しているのは、太陽が山のかなたに沈む夕暮れの美しさです。山々が夕日で赤く彩られ、息をのむほどです。でもそれは表面的かつ一時的なもので、決して内面的かつ永続的なものではない、という裏面にも気づかされます。それが次の戒めになっています。

・夕暮れ時は明るさには乏しく、遠くまで見とおすことができない。だからあくまでも慎重に行動し、見栄を張って大きなことをしようとするな
・外見にとらわれがちなので、内面にこそ目を向けよ

飾りたてたメッキがはがれたら目もあてられない、とならぬよう、教訓が続きます。

・足を飾るな。格好の良い車などには乗らず、歩いて行け
・自然に生えるあごひげ程度の飾りなら良いが、口があってこそのあごひげだ
・美しくみずみずしく飾った姿は美しい。そこに誠がきちんとあればだが
・美しい白馬がやって来る。虚飾がないから敵ではなく味方だ
・飾り立てず中身だけを見せる姿勢が誠意であり、そこにこそ美しさがあると知れ
・ケチだと非難されても、ケチぐらいのほうが最終的には信頼され、良い結果を生む
・染めない白布で飾っていれば問題はない
・最高の美しさを求めれば、行き着くのは質素で飾らない自然のままの美だ
・飾り気を捨て、内面を充実させよ。そうすれば心からの喜びが得られるだろう

「ときめき基準」による取捨選択が、世界的成功を生んだ

この卦を体現した例として「こんまりさん」を取り上げます。

二〇一五年、米国『TIME』誌「世界で最も影響力のある100人」に選ばれ、今や世界一有名な日本人とも言われる、片づけコンサルタントの近藤麻理恵さんです。彼女の書いた『人生がときめく片づけの魔法』（サンマーク出版）は世界四〇カ国以上で翻訳され、シリーズ累計一三〇〇万部を超える世界的大ベストセラーになりました。

この本の編集者である高橋朋宏さんによると、彼女の成功要因は「こんまりメソッド」にあるとのこと。部屋を片づけ、かつ二度と散らかさないようにするためには、「見てときめかないものは捨てる」という「ときめき基準」を持つことが重要です。

財を増やすことは、リスクを減らし人生を充実させるための手段です。いけないのは財を増やすこと自体を目的化し、貴重な人生を浪費してしまうことであって、自然に増える分には問題はありません。**あなたの財が自然に増えていくよう、見栄や虚飾、そして現在価値のないものはどんどん捨てていきましょう。**

また、**ビジネスの基本は誠意と信頼関係です。**「容色により得たものは容色を失うとともも

に失う」のです。飾り立てることの罪はまさにそこにあり、化けの皮がはがれれば、かならずしっぺ返しに襲われるのです。

問い

あなたは、どんなものにときめきますか?

49 ䷽ 雷山小過［らいざんしょうか］

身のほどを知って進む時。
常に節度を持ち、
天災に遭《あ》っても人災を起こすな、の意。

過大な収入はリスクとなる。腹八分目の満足が吉

暴利を得れば、代わりに信用を失う

突然ですが「ぼったくられた！」と腹を立てた経験はありませんか？

筆者は何度もあります。一回限りの交渉ではよくあることとガマンできたとしても、ビジネスでは「その場限りで二度と会わない」というケースはそんなに多くありませんから、ガ

マンならないものです。交渉において自分に有利過ぎる条件を提示し、後から「ひどい」「騙された」という噂が立った人には、次回のしっぺ返しは避けられないでしょう。ビジネスを長く続けたいと考える人なら、決してやってはいけないことです。

一時期とても有名になった不動産ファンドがありました。事業がうまくいった数年間は、「日本で最も給料が高い会社」としてマスコミにも多く取り上げられました。が、いささか利益を貪《むさぼ》り過ぎたため「あまりにもえげつない」と悪評が立ち、良い物件は回してもらえなくなりました。それでも資金に物を言わせてさらなる大儲けを狙ったのですが、リーマンショックが起きたことで所有不動産の価値が一気に下落。最終的には会社が回らなくなり、大儲けした時代からわずか一、二年で倒産することになったのです。この失敗事例を見てもわかるように、継続的にビジネスを続けるためには、「暴利を貪らない」ことが重要です。

心理学の用語で「アンカリング」と言って「最初に無茶な水準の条件を相手に突きつけたほうが、相手がそれを常識な線と誤解して、こちらに有利な水準で合意させやすくなる」という交渉術もあります。でも、あまりにむちゃくちゃな条件を突きつけては、「この人の言うことは信用できないから、聞く意味がない」と思われてしまいます。

アンカリングも、相手が受けいれる可能性のある範囲なら機能しますが、相手に「何でこの値段なの？」と問われてきちんと説明できないようでは、長い目で見て失うもののほうが大きくなるでしょう。

天災と人災

この卦の名前である「小過」とは文字どおり「少し過ぎる」ことです。オーバーなことを望んだり行ったりすることは災いを招きます。身のほどを知って進むことが大切です。

一方、過ぎるくらいが良い時もあります。葬式では少し悲しみ過ぎるぐらいに振る舞ったり、大事な相手には少しうやうやし過ぎるぐらいに低姿勢で礼儀を尽くしたり、日常でも節約し過ぎるくらい切り詰めたり……など、誠意を表す場合などは少々オーバー気味に振る舞うくらいがちょうど良いでしょう。たとえば仲直りする場合も、少し過剰なくらいの愛と思いやりをもって低姿勢で臨むのが良いでしょう。

災いには、天災と人災があります。天災は避けられませんが、人災は避けられるはずです。天災に遭ってパニックになり軽挙妄動する、人の意見に耳を貸さず調子に乗って突き進む、仕掛けられた罠や深みに不用意にはまる、というのは人災です。意識して気をつけましょう。

お金を増やすうえでも節度が大事です。遠慮や謙遜や礼儀など、良いことは少々やり過ぎくらいが良いわけですが、何でも過剰に過ぎれば、しっぺ返しがあり得ます。「身のほどを知れ、節度を守れ」。『易経』はそう何度も繰り返し、教えています。

問い

「つい、やり過ぎてしまうこと」はありますか？

50 ䷶ 雷火豊［らいかほう］

豊かで盛大な時。
好調時こそ慢心せず、
未来へ向けて内面の充実に備えよ、の意。

収入のピークを見きわめて悪化に備えられる人が、
長続きする

運気盛大な時こそ注意すべきこと

豊かで盛大な時こそ「満ちれば欠ける」という自然の理を常に念頭に置き、未来に備え、内面の充実をはかっていくべきだと、この卦では教えています。
突然増えるものは突然減ります。良い時こそ将来に備えましょう。また自信過剰になりやすい時なので謙虚さを心がけましょう。祝賀会や新築パーティなどはとかく妬みを買いやすく、信頼していたパートナーが欲をかくなどして、裏切りなども起こりやすくなるとも言います。

良い時こそ未来と内面の充実を。「外見がどれだけ立派でも中身が乏しい」と言われるような人生では、空しい限りです。以上、豊かさを説く卦だけに、逆に短く締めておきます。

問い

あなたが「うまくいっている時」こそ意識したいのは、どんなことですか？

51 ䷩ 風雷益［ふうらいえき］

ビッグチャンス到来の時。
相手に与えれば自分も得られるので
独り占めにするな、の意。

財が増えた時こそ独り占めにせず、皆で祝って共有しよう

与えることで得るもの

自分の意見や主張を押しとおすことなく、他者の考えと折り合いをつけることを「譲歩」といいます。自動車のディーラーは、次のように「譲歩」をうまく使って車を売るそうです。

・「これ以上の値引きは難しいです……。代わりにオプションの付属品をお付けします」
・「本日ご契約いただければ、保険を無料で付けましょう」

「損して得取れ」とはまさにこのことで、財を独り占めにせず相手の財を増やしてこそ、自分の得につながります。お祝いも皆で行いましょう。それによって誠意が相手に伝わり、大事な信頼関係になっていきます（しかしながら、自動車の付属品はメーカーからタダ同然で仕入れていて、じつはあまり懐は痛くないとか、保険を付ければ次の更新時期が分かるので、そのタイミングで、よりランクが高い保険を勧めることができるとか、したたかな経営戦略も裏にはあるようですが……）。

　そして**チャンスをつかんだら、思いきって大きな仕事にチャレンジしましょう。その時あなたがつくり上げた信頼関係がきっと生き、思わぬ助力も得られるでしょう。**困難に直面しても、自分を磨くためのチャンスと考え、克服しましょう。それこそがあなたを一流の指導者に成長させる「修羅場経験」です。そこでのブレないチャレンジする姿勢こそが、上から認められることにもつながります。

　誠意を尽くせば大いに希望が叶います。人との和合を常に心がけましょう。逆に共存共栄を心がけるべき時に私利私欲にとらわれて人の恨みを買い、非難轟轟《ごうごう》などの状態を招いては、人からそっぽを向かれてすべてを失います。
長期的に財を増やす大原則は、「相手の財を増やして良い流れをつくることで、自分の財にもつなげる」ことです。もちろん、財とはものやお金だけではありません。相手の負担を軽くしたり相手を喜ばせたり、誠意を尽くして陰徳を積むことこそが、大切なのです。

問い

あなたにとって「皆で共有すべき収穫」とは、どんなことですか？

EKIKYŌ
易経
The book of changes

第　七　章

危機に備える

52 ☰☱ 天沢履

［てんたくり］

虎の尾を踏むような危険な時。
危機に遭っても義を貫けば乗り越えられる、の意。

「後始末より前始末」。
危機を想定して準備し、義を貫こう

虎の尾を踏んでしまった時、どうするか？

危機を象徴する「虎の尾を履《ふ》（踏）む」という表現があります。この卦が出典です。ここでは、危機に際して次の心構えが語られています。

・過去を反省し、悔い改める
・いかなる時でも礼儀を失わず、堂々と人の道を履み行う
・自分を先立てず、先輩や上司の意見に従って進む
・できないこと、知らないことは素直に認める。慎重な態度を貫く

たとえ虎の尾を踏むような危険な目に遭っても、誠を忘れず行動しましょう。この話の模範となる驚くべき偉業が日本にもありますので、紹介します。

宝暦治水事件(一七五四～一七五五年)

明治維新のおよそ一〇〇年前、今の愛知県・岐阜県にまたがる木曽川・長良川・揖斐《いび》川は「暴れ川」と悪名高く、毎年木曽の山々の雪どけによる増水で、流域の村に大きな被害をもたらしていました。

かねてより幕府から危険視されていた薩摩藩が、まさに「虎の尾を踏んだ」かたちでこの「三川分流工事」を命じられます。当時の薩摩はこの膨大な負担ができる状態にないばかりか、そもそも当時の技術ではとても無理な工事でした。このあからさまな「いじめ」に薩摩藩では「幕府と一戦交える」とまでの反発が起こりましたが、この指揮を買って出た財政担当家

老の平《ひら》田《た》靱《ゆき》負《え》（一七〇四～一七五五年）は薩摩藩存続を訴えて皆を鎮めると、粛々と準備に取り掛かり、はるばる任地に赴きました。そして工事に対する幕府側からの妨害も噂されるなか、想像を絶する苦難を味わうことになります。

最終的に工事は二年がかりとなり、のべ九四七名を数える薩摩藩士の大量投入を経て、ようやく完成。しかし一五七名が病に倒れ、三三名が病死、さらに自害が五一名にも上ったと伝えられます。予算も当初の予定を大きく超え、薩摩藩は何度も借金を重ねました。平田はこの工事の完成を見届けると、全責任を引き受けてこの地で切腹。故郷を懐かしむ辞世の句を遺し、二度と薩摩の地を踏むことはありませんでした。

この凄絶な献身により、以降の工事も経て近隣は水害から救われるとともに、薩摩藩も取りつぶしをまぬがれました。まさに、この卦を地でいくような誠を貫いたのです。

見事に危機を切り抜けた薩摩藩が抱いた、幕府に対する臥薪嘗胆の恨みは、一〇〇年後の明治維新、つまり「薩摩藩による倒幕」という歴史につながることになります。

そして、この工事で救われた地域のうち「高須輪中」こそが、前出の29「火雷噬嗑」でご紹介した「幕末のファシリテーター」徳川慶勝の実家にあたる高須藩だったというのは、何という縁のめぐり合わせでしょうか。

尾張公の慶勝が薩摩の若侍だった西郷隆盛をあれほど取り立て、薩摩軍の東上の際にはその無事を守った、という一見不可解な行為の裏にあった「誠」とは、地元に残る「薩摩義士」への尊敬や恩義と、決して無関係ではないのです。

危機への備えは、「後始末より前始末」で周到に。そして危機に際しては、準備した約束ごとを冷静にかつ確実に遂行できるように、普段から心がけましょう。

問い

危機への備えとして、あなたが真っ先にすべきことは何ですか？

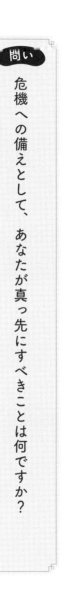

53 ䷲ 震為雷 ［しんいらい］

雷のような大騒動の時。
天災と人災を分けて扱い、
人災はとにかく避けよ、の意。

天災は避けられないが、その後の人災は防げる

自分の命は自分の責任で守れ

この卦も危機を示すもので、「震」と「雷」の二字が使われています。「震」の危機と言えば、二〇一一年東日本大震災の大変な被害を忘れることはできません。筆者も現地に支援に赴き、感じたのは天災の圧倒的な力に対する己の無力さでした。

とりわけ、現地の方にご案内いただいた古い石碑にあった「ここより下に家を建てるな」の文字は、今でもありありと目に浮かびます。何しろその石碑が建てられたのは昭和八年。かつて明治二九年、昭和八年と二度にわたる津波の被害からの教訓として刻まれた文字でした。そして、まさにその碑の下方にあった家は皆、跡形もなく津波にさらわれたのです。「この先人たちの教訓をわれわれは生かせなかった……」と、やりきれぬ思いを表情ににじませ、とつとつと語られた現地の方の悲しみには、かける言葉もありませんでした。

この地で有名になったもう一つの石碑に「津波てんでんこ」があります。これは、たとえ薄情であっても、津波が来たら「てんでんばらばらに急いで逃げよ」という、自分の命は自分の責任で守れという教えです。実際、これを守った釜石東中では子どもたちが主体的に動き、全員が助かる奇跡を起こしたことで「津波てんでんこ」は人々から見直されました。

過去の反省は、未来につなげるためにある

過去の反省は、未来につなげねばなりません。教訓は、次世代に語り継がねばなりません。まず大事なのは、天災自体は防ぎ得ないこと。でも、その後の人災は何としても防がねばならないということ。そのための方法として、この卦が説くのは次の二点です。

・防ぐ方法がある天災については、あらかじめ有事への備えを怠らない
・防ぎようのない天災が起こったら、冷静沈着に行動する

しかしながらもちろん、両者とも簡単ではありません。震災の例でも、地震で津波が起こることが予想されたなか、「てんでんこ」で逃げて助かった中学生もいれば、逃げずに待機して大きな被害を出してしまった学校もありました。そしてそれ以前に、有事への備えとして石碑の下に家を建てなかった人もいるのです。事前の周到な準備と現場での冷静な行動は、ぜひ普段から心がけておきたいものです。

「声あってかたちなし」という言葉があります。この卦のもう一つのキーワードである「雷」におびえる人を笑ったものです。雷の音におびえ、自分を見失った軽挙妄動は周りの皆までパニックに陥れてしまうなど、時が経てば恥でしかありません。

自社の先輩で尊敬するリーダーから教わった教訓を、筆者は今でも心に刻んでいます。

「プロであれば、慎重であっても臆病であってはならない」

平時にいくら立派なことを言っていても、危機に備える姿勢や、危機に際して示す態度には本性が表れます。とくにリーダーや指導者、教師、親など「大人」の立場であればなおさらです。いざという時に立派な態度がとれるよう、平時からしっかり有事に備えましょう。そして指導者にはそういうことが人一倍求められているのです。

問い

ピンチやトラブルの時に真っ先にすべきなのは、どんなことですか？

54 ䷡ 雷天大壮［らいてんたいそう］

今すぐスピードを落とす時。調子が出た時のブレーキこそがリーダーの役割、の意。

想像以上の注文がきたら、アクセルよりもブレーキを踏め

黒字倒産はなぜ起こるのか？

「黒字倒産」という悲劇があります。企業に利益が出ているのに倒産する一見不可思議な現象ですが、実際、二〇二〇年に倒産した七七七三件のうち、黒字倒産は四六・八％と全体の半数近くもあるのです（株式会社東京商工リサーチの調査より）。もちろん原因はさまざ

までですが、この悲劇がなぜ起こるのか、典型的なメカニズムを解き明かしていきましょう。

売上が好調なら調子が出ます。苦労して生み出した商品なら、売れればなおさらうれしいでしょう。昇給も期待できて、社員も元気が出ます。ただし、リーダーはスピードが出過ぎたらブレーキを踏まねばなりません。皆から反対され嫌われるふるまいであっても、です。

「好事、魔多し」ですから。

売上が増えれば、目の行き届かない部分も増えます。商品数は増えても、まだ社員は増えておらず、当然ミスも増えます。仕入れを間違える、配送を間違える、そもそも、商品の仕入れが間に合わない……。

売上の入金より先に、仕入れの支払いが発生すれば、まず支払いに困るでしょう。さらには社員の給料日もやって来ます。こうして、節度のないリーダーが経営する会社は、売上増に対する資金繰りが間に合わなくなって「黒字倒産」を迎えるのです。

鈴木商店の大躍進と破綻からの教訓

この悲劇は大企業でも決して他人ごとではありません。かつて日本に、鈴木商店という大商社がありました。第一次世界大戦の特需に乗って世界的な貿易を行い、独創的な手法で売上を急拡大、一時期は三井や三菱と並び称されるまでに成長しました。そして今に残る神戸製鋼所、帝人、アサヒビール、太平洋セメント、IHI、三井化学、双日、NX海運などそうそうたる企業をつくり出します。しかしながら、やはり「好事、魔多し」。

第一次世界大戦後の反動で株価、工業製品価格、船舶運賃が軒並み下落。さらに関東大震災の発生で資金繰りに窮した鈴木商店は、株式を上場せずに銀行からの借り入れのみで運転資金を賄っていたため、一気に事業停止・清算に追い込まれました。

売上が増え過ぎて資金ショートを起こす前に、ブレーキを踏まねばなりません。社員の給料をきっちり払ったうえで、次への資金繰りもしっかり準備することが不可欠です。

大所高所から俯瞰した「鳥の目」で厳しい判断ができるのが、まさにリーダーです。常に節度を保ち、節目でしっかり振り返り、十分な準備をする。きちんと危機に備えられるリーダーだけが、長期で会社やチームを大きく成長させることができるのです。

問い

想像以上の出来事が起きた時、心がけるべきこととは?

55 ䷖ 山地剥
［さんちはく］

崩壊寸前の危機の時。
リーダーとして予兆に備え、次に活かせ、の意。

仕事がピンチになったら、ムダをスパッと捨て再起に賭けよう

絶体絶命のピンチをあなたはどう考えるか

この卦は「剥《は》がす」という字が使われているとおり、難問山積で、下から突き上げられ、今の地位を剝ぎ取られるような危機を想定しています。

『易経』にあるたとえ話としては、王が寝ているベッドの足が剥ぎ取られていって、とう

とう寝台が崩れそうになる状況です。そして最後には、小人と大人で運命が分かれます。小人は寝床ごと住処を失うだけですが、大人には「大きな実が残る」とあります。立派に生きようとする大人に残される「大きな実」とは何でしょう？

前述のソニア・リュボミアスキー心理学教授によると、幸福になる人の武器は「困難に直面した時に対処する態度や強さ」にあるそうです。幸福な人は、そうでない人にとっての「脅威」を「挑戦」などと、ポジティブに捉えられる力があるのです。前述の「修羅場経験」もそうですが、苦労をつらいからと逃げる人と、それこそが次の一皮むける成長へのチャンスと捉えて前向きに挑む人とで、人生はまったく違うものになってきます。

「成功は常に苦心の日に在り、敗事は多く得意の時に因ることを覚る」（安岡正篤）

危機に備えるとは、予兆にアンテナを立て十分な注意と準備を怠らないこと。流れが悪ければ無理をせず、自分の失策で信望を失ったのであればきちんと反省し、きっぱりとムダを捨てて再起に賭ける。そうしてチャレンジを続けている人には、良い時もきっと来ます。

危機においてジタバタするばかりでは意味がありません。時にすっぱりと割り切った決断もできるように心がけておきましょう。立派なリーダーや指導者に残される「大きな実」とは、危機における予兆のなかに見出す希望や、それができるようになったあなた自身の成長のことではないでしょうか。

問い

絶体絶命のピンチを予想して、今準備しておけることは何でしょう？

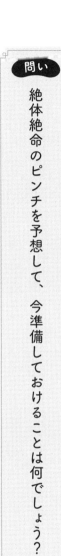

56 天水訟

☰☵

［てんすいしょう］

訴えや争いごとの多い時。
利己心ではなく、
相手の立場に立つことをおぼえよ、の意。

トラブルに際しては、相手の怒りを受けとめることに徹せよ

訴訟の心得

「訟」は訴訟のこと。この卦は、激しい対立やモメごとの危機を想定しています。こうした時は、互いに我を張っていては平行線のままです。是が非でもと、自分たちの言い分にこだわることが、かえってマイナスにもなり得ます。だから、あなたのほうから折れて、和解

に転じさせる心構えが賢明だと説きます。次のアドバイスも参考に、強引なやり方は改め、第三者に相談するなどして問題や状況を客観的に捉えながら、冷静に対処しましょう。

・初期なら先を見越して、小事にこだわらず早めに争いを避けるほうが利口
・訴えには勝てない。ひとまず退却せよ。勝ち目もないのに勢いで不満を言うな。自分の本来の仕事に立ち返り、目上のアドバイスに従え
・争いをやめて職場に戻れ。平凡でも今まで行ってきたことが一番良いのだ
・実力も備わり正義のために堂々と戦うなら、勝利を収めることができる
・天意に逆らって策を弄し、一時的に勝ったとしても、結局は信用も人望も失うのだ

前述のリュボミアスキー教授によると「感謝の手紙を書くだけで、相手に渡さなくても幸福度はかなり高まる」とのこと。感謝とは、今の自分の幸福を当たり前だと思わないことであり、今の幸せは誰かのおかげだ、という考え方です。

「心は自分だけが住む場所である。そのなかでは、地獄から天国をつくることも、天国から地獄をつくることもできる」(『失楽園』ミルトン)

危機に備えるうえでは、利己心や功名心、そして征服欲など、自分の内面にこそ最大のリスクはあるのでしょう。

問い

トラブルを回避するためには、どんな心構えでいるべきでしょうか？

57 ䷧ 雷水解

［らいすいかい］

春が来て厚い氷がとける時。
消えゆく土台にこだわらず、
新たな地歩を確立せよ、の意。

沈みはじめた船ならば、さっさと降りろ

雪どけで新たな春がやってくるが、それとともに氷の土台もとけて消える

この「解」は「とける」「緩む」という危機を想定しています。雪どけの春はうれしいですが、一方で、それまで固く安定していたはずの氷の土台もまたとけていきます。その予兆をしっかりと捉え、即断即決で新たな土台へと移っていきましょう。グズグズしていたら、

せっかくの変革の機会も逃しかねません。

これまで困難の渦中にあった人ならば、悩みが解決し脱出できればすぐに手を打つべきです。一方、これまで順調に進んできた人にとっては、契約や縁談などが解消され、職まで解かれてしまうかもしれません。また、気の緩みから怠慢になってしまうことも考えられます。**つまり油断は禁物。雪どけという変化の節目においては、ぜひ心機一転。思いきってリスクテイクを決断し、新たな考え方で事に臨みましょう。**

幕末において命運を分けた決断

幕末の偉人たちも、変革の決断によって命運が分かれました。

坂本龍馬は「もう藩にこだわる時代ではない」と、命がけで土佐藩を脱藩しました。その決断が海援隊の結成など、商社として自由に動き回ることにつながり、薩長同盟にまで貢献するなど、スケールの大きな活躍につながりました。

西郷隆盛は新政府の要職に就くと、思いきって薩摩藩の利害を捨てました。公平無私な態度で日本を次に進めることで、「大人物」としての西郷人気は藩を超え、政府の枠組みを超え、民衆にまで広まったと言います。

片や西郷を全国区に引き上げた尾張藩の徳川慶勝も、藩にも幕府にもこだわりを捨てました。前述のとおり日本の存続をすべてに優先させたことが、長州を残し、江戸無血開城を成し遂げ、日本の致命傷になりかねない内戦の回避につながりました。慶勝は、新政府から将軍・慶喜の「辞官納地（官位と領地の返上）」を要求された際にも、代わりに慶喜に尾張藩提供の提案までをして、説得したと伝えられています。また慶勝は、尾張名古屋の誇りの象徴だった名古屋城天守閣の金のシャチホコすらも、資金不足の新政府に率先して差し出しました。シャチホコは、湯島聖堂博覧会や海を越えてウイーンの万国博覧会に展示され、好評を博したそうです。

その一方で、西郷が征韓論に敗れた際に地元薩摩へ帰国したことは、痛恨の失敗になりました。政府の政策が地方藩士にとってメリットの薄いものだったために、高まる不平士族の不満から反乱軍に担ぎ上げられ、責任者として非業の死を遂げる結果になったからです。ここは地元にこだわるべきではありませんでした。

しかしながら、あえて西郷の名誉のために付け加えれば、西郷も慶勝と同様、薩摩藩にも自分の命にも、名利にもいっさいこだわりませんでした。が、有名になり過ぎて人気絶大となったために、何度引退を宣言してもそのたびに引き戻され、結局は寄ってたかって担ぎ上げられてしまったのです。西郷にとって引き際の美学のお手本は、まさに上司だった慶勝であり、『易経』の理想とする「隠遁」の老後を望んでいたと筆者は想像しています。そのあたりは後述の62「天山遯《てんざんとん》」の卦でまたお話しします。

暗殺された坂本龍馬や、西郷の無念を教訓とすれば、人生において備えるべき最大の危機とは、**自分自身の引き際**のことなのかもしれません。

問い

あなたにとって、後ろ髪を引かれるのはどんなことですか？
そのこだわりはどうすれば捨てられるでしょうか？

58 ䷦ 水山蹇

［すいざんけん］

冬山で遭難したような時。
やみくもに逃げず希望を探せ、の意。
「四大難卦」の一つ。

足を取られて進めないなら、一旦止まって味方を探そう

天災に遭って冷静さを欠けば、さらなる人災を生む

「蹇《けん》」の字は、文字どおり寒さに足が取られ進めない危機を表しています。動けば危険に遭遇し、どうにも進むことのできない時です。次のアドバイスが添えられています。

・今は止まって反省し、時の至るまでひたすら徳を積め
・謙虚にして従順に、目上の人の意見に従え
・本分を守って内部を固め、退いて仲間と協力せよ
・有力な助っ人や有識者に相談して事に当たれ

危機における決断を学べる実話が日本にもあります。新田次郎の小説『八甲田山　死の彷徨』(新潮社)やその映画化でも有名になった遭難事件です。日露戦争直前の一九〇二年(明治三五年)に、ロシアとの戦争に備えた寒冷地における戦闘の予行演習として、日本陸軍が行った雪中行軍中に、二一〇名中一九九名が死亡したとされている事件です。

同時期に行軍した部隊はもう一つあり、そちらは無事全員が帰還したというストーリーで小説と映画は描かれます。何が明暗を分けたかについては、軍事機密とされている面もあってクリアではない部分もあるのですが、『易経』の戒めに通じる失敗の要因は次の点です。

・猛吹雪に遭って視界も得られないなか、無闇に進んだことで体力を消耗させた
・パニックに陥り意見がまとまらないため、バラバラに動いた
・地元の道先案内人を雇わず、事前準備に地元民の知恵も借りなかった

最後の部分は不可解ですが、当時の軍人のプライドが邪魔したとしたら空しいものです。前出32「地沢臨」で紹介した、ピレネー山脈の地図を本当だと信じて生還した部隊との対比も、感慨深いものがあります。

やはり、これも**天災という危機に際して冷静さを欠いた人災の部分が大きい**と思われますが、リーダーの責任も問われるところです。

人心を治めるのは、いつの時代も献身的努力

坂本龍馬とともに海援隊で活躍し、後に明治政府の外務大臣として不平等条約の改正に尽力した陸奥宗光が、この卦名にちなんで『蹇々録《けんけんろく》』と題する日記を残しています。「蹇々」とは**「世のため人のために身を粉にして働き、腹を据えて献身の精神に徹すること」**で、その使命感から彼は井上馨宛ての書簡でこう記しています（以下、筆者要約）。

「政治はアートなり。サイエンスにあらず。巧みに政治を行い人心を治めるのは、実学を持ち、広く世の中に習熟している人である。決して、机上の空論をもてあそぶ人間ではない」

この日記は、日清戦争における外交、という日本の命運をかけた危機に際して、彼の取った行動やその思いに直接に触れられる「一級品の資料」として高く評価されています。

机上の理屈よりも自然や世間からの〝生きた学び〟を大切にする、そのうえでさらに献身的な実践が求められる、などの点が『易経』からの彼の学びと考えられます。ぜひわれわれも意識したいものですね。

問い

どうしようもなく困った時に落ち着きを取り戻すには、どんな方法がありますか？

59 火沢睽

［かたくけい］

不和反目の多い時。
対立は苦労するが、
決して悪い結果ばかりではない、の意。

相手とモメたら、本心を聴くことで握手のポイントが見つかる

仲裁のゴールは妥協ではない

「睽《けい》」は小さな対立が起こる危機です。家庭のなかでは嫁姑の争い、会社のなかでは派閥争いなどが考えられます。行き違いが多く、スムーズに事が運ばなくなる状態です。

こういう時は、**大きなことは行わず内部に目を向け、対立が小さなうちに対処し、調和の**

ための和解策を練ることが大事です。『易経』には次のアドバイスが添えられています。

・一度背いた者もまた戻ってくる。去る者は追わずに放っておきなさい
・悪人が気に入らぬから避けるというのは損だ。心を広くして会えば問題はない
・意外なことから解決策が見出せる。陰働きが功を奏するので傾聴に徹せよ
・周りに誤解され濡れ衣を着せられて、苦労が多い時もあるが、気にするな
・孤立したとしても、善良な人に出会えれば、誠の交わりを持てるようになる
・モメごとがあっても柔和な態度に徹せよ。最後はきっと仲直りできる
・疑心暗鬼でぶつかりそうになるが、それは誤解だ。お互いに過去は水に流せ

対立というものは、決して悪いことばかりではありません。ヘーゲルの弁証法にもあるように、正論に対する反論については、その対立をさらに上位の「鳥の目」の視点から俯瞰することで、「合論」というまったく新しい知恵が浮かぶ可能性があるからです。イノベーションもそうして生まれます。筆者の社内でも、対立については次ページ図12を示して、自分と他者の関係を俯瞰しながら「協調」をゴールとした仲裁を行うようにしています。

図12　仲裁のゴール

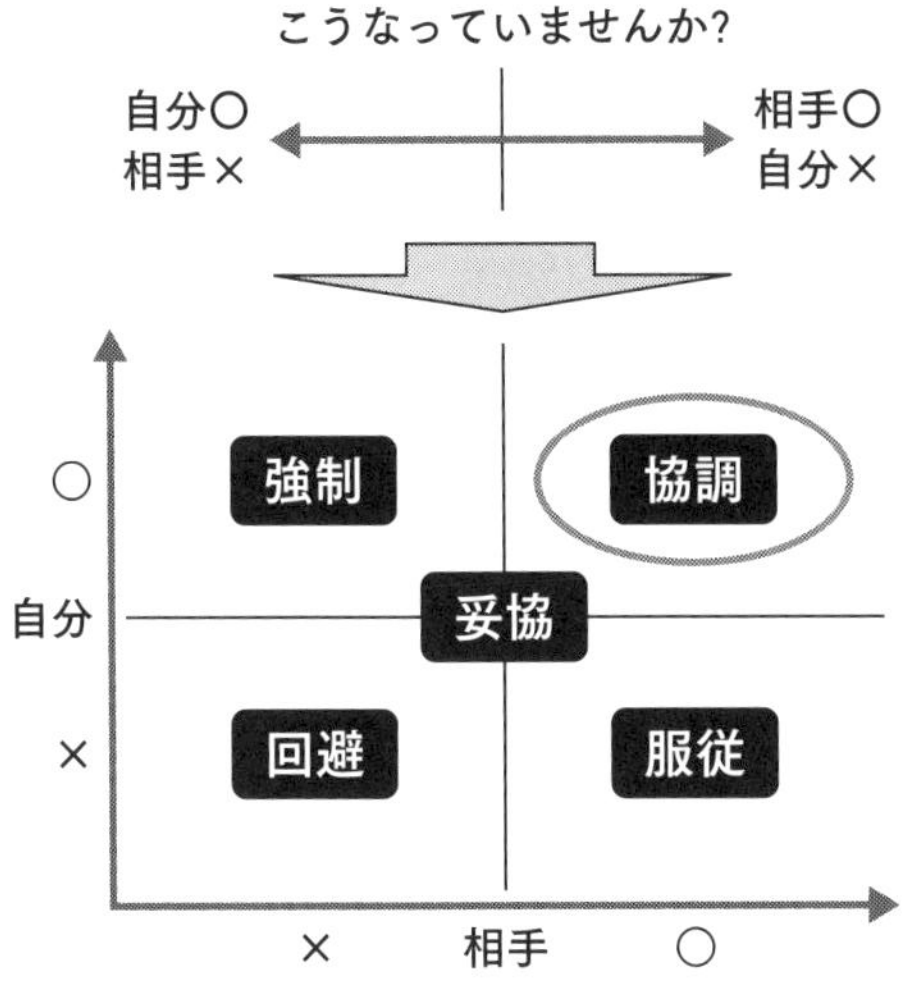

図12の上側のように、はじめは、「自分が○で相手が×／相手が○で自分が×」だけしか考えられず、直線的な対立の図式になってしまいがちです。そこで発想を変えて、対立関係の直線を直角に曲げ、下側の二軸四象限の図式で改めて捉え直すのです。

下側では軸が二つに増えることで、上下が「自分が○か／×か」で、左右が「相手が○か／×か」になりますから、2×2で選択肢が四つに増えます。これによって「自分が○でかつ相手も○」というWin-Winの新たなゴール（右上）の「協調」が見えてくるのです。

対立も危機も苦労も、必ずしも悪いことばかりではない。対立は和解の機会を生み、さらに絆を強いものにする。危機には仲間が一致団結し、考え抜くことで新しいアイデアも生まれる。修羅場経験の苦労は、優れたリーダーへの一皮むけた成長をもたらします。

「母親はただ『良き母親』であるだけでなく、幸福な人間であらねばならない」

（エーリヒ・フロム）

たとえ他者から見ればつらい状態に置かれようとも、産みの苦しみのなかに幸福な出産イメージを持つ「幸福な母親」のようなポジティブでクリエイティブな発想が、危機のなかでこそ、その状況を活かして新たなイノベーションを生み出すのです。

問い

人と意見が衝突した時、あなたはどのように行動しますか？

60 ☷☵ 地水師［ちすいし］

良き指導者と戦争に向かう時。
争いやトラブルの場では原理原則を思い出せ、の意。

チームにモメごとが起こった時は、
決めたルールを皆で思い出そう

『易経』が説く戦い方

「師」とは戦いのことで、戦争の危機を想定しています。
戦争の書として名高い『孫子』が、じつは「不戦を訴える書」であることはご存知でしょうか。「百戦百勝は決して善ではない」「戦わずして勝て」「怒りはやがて消える。でも死んだ人々は生き返らないのだ」などの名言があります。戦争は軽々しく行うべきものではなく、できる限り避けるべきものだと説いているのです。しかしいよいよ戦争が避けられないなら、何としても勝つ。そのための勝利法を考え抜いたのが、『孫子』の兵法です。

そんな戦争の心得について、この卦では次のように書かれています。

- はじめに集団を動員する大義名分と、集団を率いるしっかりした指導者が必要だ
- 戦争となれば規律が第一。それが守られなければ結果は凶だ
- 有能な指令官が中心にいれば問題はない。
　王からの信頼と引き立てを後ろ盾に、大いに能力を発揮できるだろう
- 認識が甘く実力も不足すれば、負け戦は目に見えている。十分注意し準備せよ
- 退却も立派な戦の道だ。一歩退いて静観することが大事な場面もある
- 田を荒らす賊など妨害の多い時には、優秀な参謀を選んで任せよ
- 戦後の論功行賞では、たとえ功労があっても小人を登用してはならない。
　責任ある立場につかせる人物は、功労とは別にしっかりと選ぶべきだ

やはり『易経』は「リーダーにとっての出処進退の書」と言われるとおり、指導者の視座

が中心軸にあります。大きな危機に備えることこそが、まさにリーダーの存在意義なのです。

問い

あなたが大切にしている原理原則とは、何ですか？

61 ☷☰ 天地否

［てんちひ］

上下の動きがチグハグな時。
あなたこそがリーダーシップを発揮して
仲裁に入れるよう、強くあれ、の意。

上司と部下の言動がチグハグな時は、進んで仲裁に入ろう

「心理的安全性」のあるチームは大きな成果を生む

「否」とは、組織の上層部と下層部の動きがチグハグになる時です。同床異夢《どうしょういむ》で目指す方向が違ったり、時に対立関係になったりします。そうなれば正しいことや常識が通じず、議論も不毛なものになりがちです。信頼関係がなくなり孤独も味わうでしょう。

このような時は正論を控え、争いを煽るような者とは関わらないでおきたいものです。その一方、**リーダーには進んで仲裁に入る意識と徳が求められる**、と『易経』は説きます。

近年、チームビルディングや組織開発の分野で話題になっている**「心理的安全性」**という考え方があります。これは二〇一六年に、アメリカGoogle社の「プロジェクト・アリストテレス」の調査によるもので、数百もの自社チームを分析した結果、**生産性が高いチームは「心理的安全性が高い」**ということが明らかになりました。一般的には、メンバーの能力や働き方が重要だと考えられていますが、実際にはそれよりも「安心して発言できる」という心理的な要素のほうが、生産性に大きな影響があったわけです。

たとえば心理的安全性の低いチームは皆が失敗を隠しがちになるため、じつは失敗の数が多いそうです。逆に心理的安全性の高いチームは失敗の報告が増えるので、結果として避けられるミスが減り、さらに失敗からも学べるため仕事の質が向上するというわけです。主に次ページ図13の四つの要素が影響していると考えられています。

「心理的安全性」がもたらす効果としては、さらに多くのことが指摘されています。

図13　心理的安全性に関わる四つの不安因子

無能だと思われる不安	**無知**だと思われる不安	**ネガティブ**だと思われる不安	**邪魔**をしていると思われる不安
失敗や弱点を認めなかったり、ミスを報告しなかったりする	気になることがあっても、質問しづらくなる	現状の批判をしなくなったり、意見を言わなくなったりする	自発的な発言をしづらくなる

出所：組織行動学者エイミー・エドモンドソンのTEDスピーチ
「心理的安全性を損なう要因と特徴行動」より筆者作成

・失敗を恐れず、躊躇なく自由に挑戦できる
・試行錯誤が促進され、学習が進む
・経験の浅いメンバーでも、自由に発言できる
・チーム全体の情報の共有もスムーズになる

さらには、組織に「多様な能力を持つ人間が集まりやすくなる」というメリットも期待できます。

「心理的安全性」が高い職場とは、決して「緩い職場」ではない

良い面ばかりに見える「心理的安全性」ですが、一部誤解もあるようです。

これは決して「緩い組織」「やさしいやりとり」が良いと言っているのではありません。調査対象となったGoogleと言えば、世界中から優秀な人材が集まる超一流のチームです。高い目標をかかげ、皆が自己研鑽に励み、人一倍のチャレンジをしている人たちなのです。し

たがってGoogleの社内で行われている意見のやりとりはスピーディーで激しく、バスケットボールにたとえれば「トップチームの速いパス回し」のようなものです。

「人が成熟する速度は、その人がどれだけ恥に耐えられるかに比例する」
（ダグラス・エンゲルバート）

「心理的安全性」の確保とは、リーダーシップを期待される人が、組織のメンバーや信じてついてきてくるフォロワーのために行う自律促進と成長のための環境づくりです。決して甘やかしや自己防衛ではありません。まずはリーダー自身が率先して、強いパスを受けとめる強さを持たねばならないのです。

問い

あなたがケンカの仲裁に入る際に、気をつけていることは何ですか？

62

天山遯

［てんざんとん］

逃げるが勝ちの時。
冷静に情勢を分析したうえで、
逃げる判断も視野に入れておくべき、の意。

どうしても意見がとおらなければ逃げろ、とことん逃げろ！

「逃げる」という徳

「遯《とん》」とは逃げること。つまり「逃げる徳」について語られた卦です。逃げることは決して恥ずかしいことではなく、逆に恥ずかしい姿を見せぬよう逃げよ、誇りをもって恥ずかしくない逃げ方をせよ、と説かれているのが興味深いところです。「引き際の美学」「徳者の隠遁」など、むしろ適切に逃げる力こそが教養人の証である、といった趣です。

実際に今でも「逃げるが勝ち」と言えば、知性やご愛嬌などの美徳的なニュアンスが漂います。日本史上でも「逃げ上手」で名高い名リーダーがいたのをご存知でしょうか。

西郷隆盛や大久保利通と並び「維新の三傑」と言われる木戸孝允《たかよし》（桂小五郎）には、「逃げの小五郎」というニックネームがありました。写真に残るとおりの美男子で、知性あふれるリーダーであったうえに剣術も天才的。江戸三大道場の練兵館に入門するや、たった一年で塾頭となり、新撰組の近藤勇も「怖くて手が出なかった」そうです。そんな英雄が、池田屋事件で新撰組の捕縛から逃れたり、蛤《はまぐり》御門《ごもん》の変の残党狩りで捕えられても便所から逃げ出すなど、長州のリーダーとして常に狙われる立場にありながら天寿をまっとうできた裏には、数々の「逃げる」という決断があったのです。

その後、木戸は西南戦争に陥った盟友の西郷に対して、末期の病床から「西郷よ、いい加減にしないか」と言い残したそうです。「逃げて欲しかった」という心情に深く共感します。そうすれば西郷も望みどおり隠棲でき、もっと後進の育成に励むことができたことでしょう。

『孫子』にあるとおり「死んだら終わり」です。どうしようもない危機に陥ったとしても、逃げて辛抱強く戦い続ければ、道が開けることもあります。「**逃げた者はもう一度戦える**」（古代ギリシャの政治家デモステネス）と言われるとおりです。

現代の身近なところでも、テレビドラマでヒットした『逃げるは恥だが役に立つ』というタイトルはそもそもハンガリーのことわざです。「自分の戦う場所を選べ」という意味で使われているそうで、同じアドバイスなのが興味深いところです。

引き際の美学

「三度諫《いさ》めて身退く」（『礼記』）というのも「逃げる徳」です。**間違った指示に対して、繰り返し上役を諫めても聞き入れられない時は、潔く身を引くのが賢明だ**、という意味です。もっとも古代中国では、上役に逆らうなどは死の危険と隣り合わせでもありましたので、その覚悟は並大抵ではありませんでした。

また功成り名を遂げた偉人が、余力を残して潔く後進に道を譲り、悠々と花道を去る美徳は今でも語られるところです。しかしながら、これは現実的には難しいことで、理性や志を持った立派な人間にしかできないことでもあります。この卦にも「私利私欲に凝り固まっている小人には難しいことだ」と添えられています。**「喜んで立派に逃げる」**とはまさに立派なリーダーにしかできない行為なのです。

危機に際し、本当にどうしようもなくなったら迷わず逃げましょう。逃げるべき時にきっぱり逃げられないのは、一流のリーダーとは言えません。あなたを信じ、ついてきてくれるフォロワーの安全も確保しながら、次のチャンスをうかがい再起を図りましょう。

だから危機に備える際も、いざとなれば逃げられる道を確保しておくことも肝要です。そして仕事をやり遂げたなら、自ら身を引く覚悟も持ちましょう。それがなくては、それまでの功績もすべて台なしになってしまうからです。

問い

あなたにとって「逃げるべき時」とは、どのようなタイミングでしょうか？

63 ☰☴ 天風姤 ［てんぷうこう］

若い異性に惑わされる時。
恋愛問題は、
一時の気の迷いが致命的なリスクになる、の意。

魔性の女（男）の正体を知ろう。それはあなたのなかに棲む

いつの時代も戒めとなる「女難の相」

「女（男）難の相」が出る時です。現代でもリーダーの異性問題は、致命傷になります。魅力あふれる異性に翻弄されて思うままに操られたあげくに、不幸に陥り、利用価値がなくなれば捨てられる。その危機について、主なポイントは次のように紹介されています。

・あなたより若い相手(魔性の女・男)は、あなたのような目上の異性の関心を買いたい
・相手はあなたを誘惑しようと、あれこれ仕掛けてくる
・それによって高ぶったあなたの感情を相手は知っており、利用しようとする
・あなたにはライバルもいて、相手は両方を翻弄し、次第にそれが楽しみになる
・あなたもライバルもそれを知って、相手をめぐる争いになってしまう
・とくに若い異性の後輩をめぐっては、上役との争いも起こりやすい
・あなたは相手に恋愛感情を抱くが、相手にあなたへの恋愛感情などはない

数千年前の戒めが、今でもそのまま通用するとは……。人間とは何と成長のないものなのでしょう。一時の気の迷いで行くところまで行ってしまえば、悲惨な運命が待っています。冷静なうちに十分過ぎるくらい心しておきましょう。

魔性の女・男の教訓

歴史上でも魔性の女・男が登場します。中国三大悪女の夏の桀王の末喜《ばっき》、殷の紂王の妲己《だっき》などが代表例です。「傾国の美女」と言われた彼女たちに溺れた王は、政治を忘れ、自堕落

になって滅ぼされました（ただ、これらは倒した側が記述した歴史なので、前政権への批判部分を割り引いて考えねばなりません。歴史は「勝者による物語」ですので）。

「魔性の女・男」にハマると人生を台なしにするから気をつけろ、という教訓であり、たとえ話も豊富なだけに、しっかり受けとめておいたほうが良さそうです。備えるべき危機には恋愛問題もあります。それは自身の内面の問題であり、自己管理しか対策がないこともまた心得ておくべきことです。

問い

あなたが「自分を見失いやすい」のは、どんな時ですか？

64 ䷊ 地天泰

［ちてんたい］

天下泰平、万事順調の時。
しかし物事に完成はない、
平らになればまた傾くから備えよ、の意。

仕事が安定したら、
自分に厳しく他人に優しく変化をにらめ

易者が旗にかかげる縁起の良い卦

最後にご紹介する「泰」は、さまざまな危機を経て、ようやく天下泰平となったことを示す卦です。その縁起の良さから易者が好む卦で、よく易占の旗指物に印刷されています。

この卦は立派な大人が集まり、小人が去ったような時です。人間関係も和気あいあいと協力的で、万事順調。しかしそんな時は、いつの世も長続きするわけではありません。満ちれば欠ける月のような陰陽循環、「おごれる者は久しからず」な栄枯盛衰が世の常です。謙虚な気持ちで現状維持を心がけ、安泰の時をできるだけ永続きさせましょう。

『易経』における最高の態度は「時中／中する」です。それぞれその時の状況を陰陽の両視点からしっかりと捉え、適切な行動ができなければなりません。

たとえ業績好調であっても常に**「現状不満足」「あくなき改善」**などの戒めを経営理念に掲げ続ける企業が多いのも、それが理由です。次のように逆説的ながら、「時中／中する」という陰陽視点から見てこそ意味を理解しやすい逆説的な名言がたくさんあります。

「積極的に失敗しないなら、イノベーションに真剣に取り組んでいるとは言えない。成功する最速の道は、失敗率を2倍にすることだ」（IBM社）

「難しいからやろうとしないのではなく、やろうとしないから難しいのだ」（セネカ）

「勇気とは座って耳を傾けることである」（チャーチル）

陰陽視点から見た泰平の世の裏側

天下泰平と言えば、三〇〇年もの平和な江戸時代をつくった家康の偉業があります。が、陰陽の視点からその裏側を見れば、泰平の世とはあまりに秩序立っている点に欠点があり、若者たちにとっては「下克上の夢を見られない」時代でもありました。

家康の治世策の一つに朱子学教育があります。朱子学とは中国南宋時代の朱熹（一一三〇～一二〇〇年）によって確立された当時の新しい儒教の学説で、道徳を重んじ、世の中の秩序を強化するのにとても効果的な教えでした。とくに「父子君臣の上下の別」を強調することで、政治に用いられ、父や君主への絶対服従が説かれた点に特徴があります。

つまり、家康の政策は、世の中に秩序をもたらす点では効果的でありながら、その反面、血気盛んな若者たちを押さえつけ、「夢を見させない」ものでもあったのです。

中国では、国学としての朱子学に対抗するかたちで、陽明学が起こりました。陽明学とは、明代に王陽明（一四七二～一五二九年）によって成立した新儒教の一派で、「良知」つまり「人に生まれながらに備わっている心」を重視した教えです。この良知は「知《ち》行合一《こうごういつ》」というスローガンで「知ったなら行うべし」とされました。このように陽明学は、朱子学への反論として体制批判につながる危険性があったため、中国本国では流行には至りませんでした。

一方、日本に入ってからの陽明学は大きな影響力を持つようになります。幕府も一七九〇年には「寛政異学の禁」として弾圧の対象にし、朱子学を学ぶよう徹底します。しかし陽明学を学ぶ者たちは根強く生き残り、とうとう明治維新の三〇年前に「大塩平八郎の乱」（一八三七年）が勃発。陽明学は個人の在り方を重視し、勇気ある行動を喚起したため、日本においても反体制運動的な色合いが強く出るかたちとなったのです。

そこに歴史の皮肉が重なります。きっかけは水戸学でした。これは時代をさかのぼり、家康の孫で「神君家康公の再来」と言われた〝水戸の黄門〟徳川光圀（一六二八〜一七〇一年）が、『大日本史』の編纂を水戸藩士に指示したところからはじまります。目的は水戸徳川家のアイデンティティを示すことでしたが、完成までに約二五〇年も費やしたために、幕末の段階でもまだ作成中でした。

そのようななか、長年研究を続けたことで中興の祖が現れ、水戸学は幕末には全国から学ぶ者が集まるほどの隆盛を極めます。とくに会沢正志斎《あいざわせいしさい》の著した『新論』は今で言うベストセラーのように広まり、その後の藤田東湖の『正気《せいき》の歌』は、全国の志士が好んで高吟したと伝えられます。

ところが、それが陽明学者であった吉田松陰など若き革命家たちに利用され、倒幕の大義名分を与えてしまうことになるのです。それは、本来の正当な「王道」は皇室にこそあり、徳川幕府はそれに従う武官としての任務をまっとうすることではじめてその立場が守られる、という君臣上下の道徳でした。

そもそもの光圀の意図は、尊王という美徳の奨励でした。しかし革命家たちから見れば、「皇室を十分敬わず、攘夷の武官任務を果たしていない幕府は倒しても良い」という、絶好の倒幕の根拠となるものであり、言ってみれば「史上最悪の暴露本」のような存在になってしまったのです。

しかしながら筆者は、光圀にも反省点があったと考えます。それは、光圀の志の裏に棲む「不都合な野心」です。水戸藩は御三家とは言え、「黄門＝中納言」。つまり「万年副将軍」に止められ、将軍を出す権利を持てぬ家柄でした。家康の再来を自認する光圀にとってそれは、どれほど呪わしい宿命であったことでしょう。当時は泰平の世。野心はとても叶いません。その代わりに『大日本史』をまとめることで、将軍はじめ幕閣、そして全国の武士をすべて道徳面から自分の下風に置きたかったのではないでしょうか。

その悲願は幕末になって、水戸徳川家出身の慶喜の将軍就任で達せられることになるのですが、今度とばっちりに遭ったのが、本来の第一継承権を持ちながら将軍になれなかった尾張藩主の徳川慶勝です。が、彼は慶喜といとこの関係にあり、この水戸系の二人がご先祖光圀の隠された野心の尻拭いをすることになったというのも歴史の面白さです。

このように、日本で三〇〇年続いた天下泰平の世ですら決して完成形ではなく、陰陽めぐる大循環のなかでの一時の安定期でしかありませんでした。その後には、「平らかなるものはいずれ傾く」と言われるとおりの変化が起きたわけで。その点、『易経』の教えの持つスケールの大きさには、恐れ入るばかりです。

立派なリーダーが危機に備えるとは、天下泰平で誰もが安心している時にこそ、次の変化を想定し、さまざまな兆しにアンテナを立て、油断を怠らないことです。そういう心構えを持ったあなたの存在こそが本来の意味での泰平たり得る、とも考えられるのです。

問い

「人を導く教え」として、この本をとおして学んだことは何ですか？

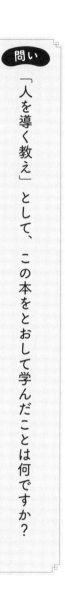

おまけ

すぐできる「易占」のやり方

「君子占わず」とは言え、求められれば分かりやすく因果応報の道理を示したり、時には一人で壁打ち的に自主トレ感覚で学んだりなど、占いを活用するのも時には一興です。筆者の知る限り、次の方法が一番カンタンでおすすめです。

❶一〇円硬貨を五枚と、一〇〇円硬貨を一枚用意する
❷目をつぶって六枚を両手のなかで振り、よく混ぜ合わせる
❸問う内容をできるかぎり具体的に頭に描きながら、精神をそれに集中させる
❹問いが明確になったら、左の図14のように六枚を順に下から上へと並べていく
❺上三枚を上卦、下三枚を下卦とし、その裏表から卦の名前を、一〇〇円の位置から爻を見る

「日本国」とある面が表で陽（⚊）、大きくアラビア数字のある面が裏で陰（⚋）

図14　カンタンな易占のやり方

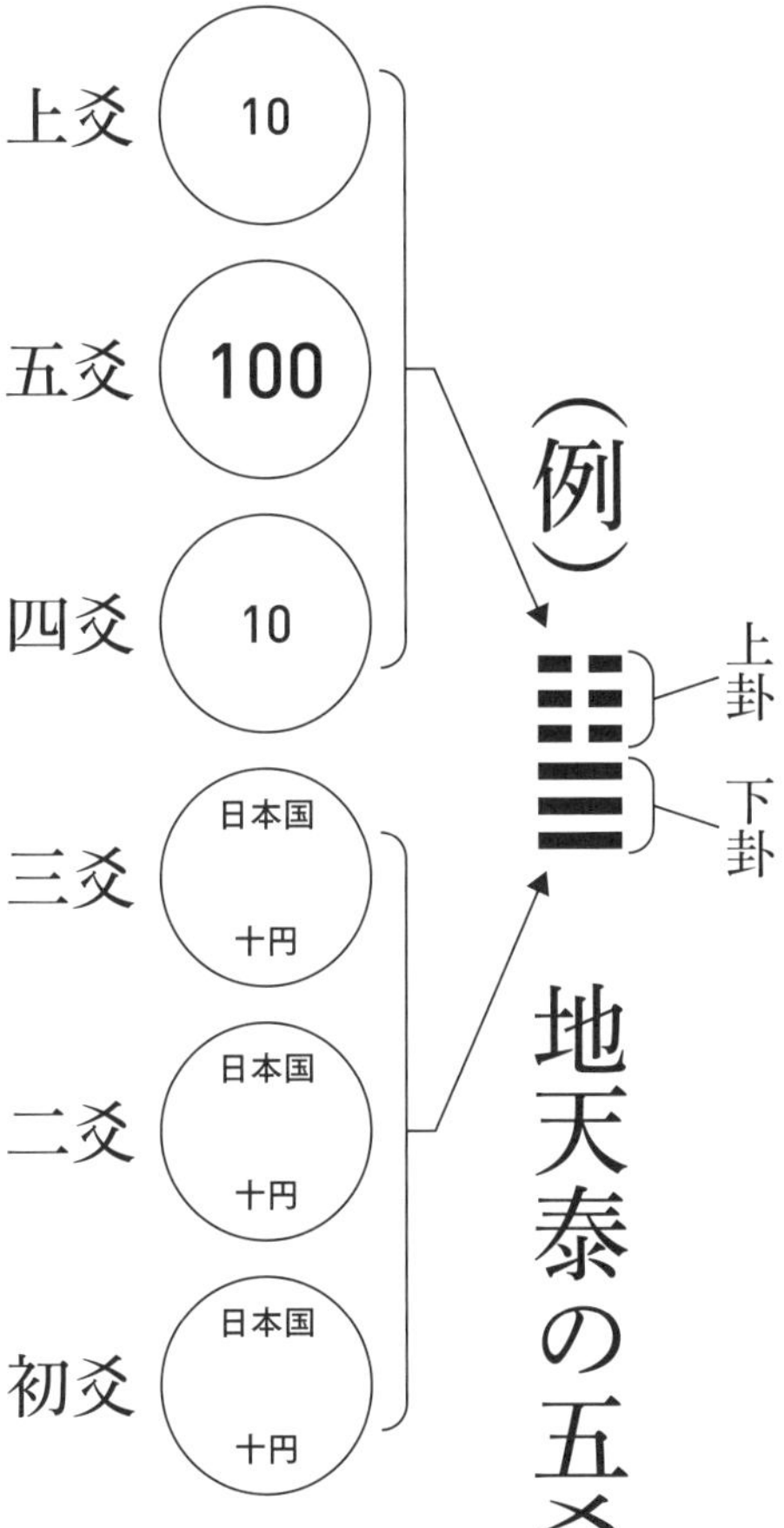

❻本書P29図1「易の六四卦」から当てはまる卦を探し、そのページの解説を読む。爻の位置の意味や、詳しい解説が知りたい場合は、巻末の参考書籍もご参考に、さらに詳しい解説本を読まれることをおすすめします。

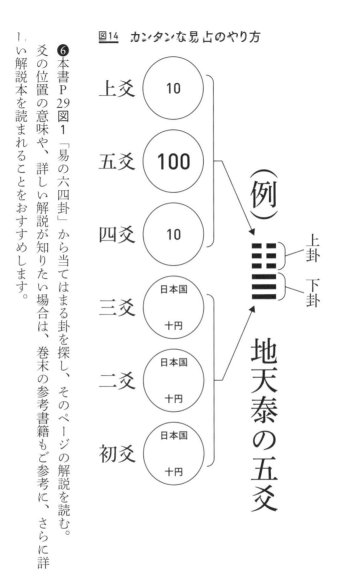

一流を立てる

易経研究家　竹村亞希子

著者は、一〇年前から私の夜間講座に通い、今も『易経』を学び続けています。

ビジネスマンとしての本業を持ちながら年間一〇〇冊を読破する強者で、ファシリテーターとしても一七年のキャリアがあります。『易経』の素晴らしさを知り、それに真摯に向き合うなかで生まれた著者の志が、本書の出版の実現につながりました。「とにかく多くの人に伝えたい」という彼の勇気をまずはたたえたく、心から応援したいと思っています。

それは、自分自身に『易経』の広報部長」を課した若い頃の私のようです。受講者の方々にはいつもお伝えしていますが、講師としての私はきっかけに過ぎません。講座を受講される皆様お一人おひとりが「一流を立てる」ことをぜひ目標に、とお願いしてきました。「一流」とは、**師の教えに依存しない自分なりの真の納得のことです。**

まずは『易経』の基礎や全体像を学んでいただきながらも、受講者ご自身の人生経験に引き寄せ、「自分で読み砕く」ことを一貫しておすすめしています。ご自分の日々の実生活に摺り合わせ活かしていく努力をしなければ、自分なりの「一流を立てる」ことには到底、至り得ないからです。

著者は、本業の企業人事において「自律型人材の育成」に従事されています。プライベートでも私と二人で、名古屋や東京で「易経に学ぶファシリテーション」と題するワークショップも開催してきました。この本は、著者自身の職務経験とそれによる次世代人材の成長に対する想いの結晶であり、「次世代の社会人に『易経』の入り口に立ってもらうためには、どのように伝えれば伝わり得るのか？」について考え抜いた成果でもあるのです。

それだけに、本書における豊富な事例は同時代的で引き込まれるものが多く、広い層に対して入りやすいものになっていると思います。そして著者が本書の出版と、それに伴う今後の研鑽を通じて、いつかきっと「一流を立てる」ことと期待しています。

読者の皆様もはじめて『易経』に触れる方々には、難解さはひとまず脇へ置き、ぜひその面白さを知ったうえでまずは興味を持ち、できれば好きになっていただきたいです。そして練達の方々には、著者の「多くの人に知ってもらいたい」という熱い想いと志に免じて、彼の背中を押す広いお気持ちでぜひご笑覧いただけたら、と心から願う次第です。

おわりに

最後までお読みいただき、ありがとうございます。

孔子、老子、禅のたとえ話はまだしも、『易経』との関係がほとんど語られない西郷さんや、アーサー王伝説、果ては現代の経営学のロミンガーの法則まで、「少し脱線し過ぎでは？」ととまどわれた方も少なくないでしょう。しかしながら、ここまでたどりついたあなたにはお分かりのように、『易経』に語られた内容は「当たり前過ぎるゆえに難解」なので、自分自身の人生経験にすり合わせたり、それぞれの時代に合ったたとえ話などを加えながら、分かりやすく読み解いていく必要があるのです。誰がそれをやるかと言えば、『易経』に腹落ちした人……つまり現代ではまさに私たちなのです。

このように『易経』は、時代の変化とともに解説・たとえ話も加えながら拡大し続けており、まさにフラクタル構造のような「永遠に未完成で成長し続ける書」と言えます。だから今度は私たちが、さらに後世へと分かりやすくつないでいかねばなりません。

この本を読んで『易経』の「入り口」に立ち、さらに理解を深めたい方には、筆者の師である竹村亜希子先生の著作をはじめ、詳しい名著がたくさんありますので、ぜひ続けてそちらにも挑戦してください。それらは偉大な研究業績です。「巨人の肩」とも称される先人たちの蓄積のうえで『易経』を味わえる感謝とともに、一緒にぜひ登り続けていきましょう。

謝

竹村亞希子先生、江夏幾多郎先生、小堀聡先生、中内基博先生、中島裕喜先生、伊藤裕先生、芳澤勝弘先生、松本佳津先生、上村光典先生、本間正人先生、福島祥郎さん、堀公俊さん、矢野和男さん、栗山英樹監督などのご指導ならびにご講演から多大なる学びをいただきました。改めて感謝を申し上げます。

執筆をご指導いただいたブックオリティ出版ゼミの高橋朋宏（タカトモ学長）さん、平城好誠さん、菊地大樹さん、小嶋享子さん、先輩・同期として一緒に走ってくださっている皆さん、編集をご担当いただいた川上聡編集長、神村優歩さんの面倒見の良さのおかげでここまで何とかたどり着くことができました。ありがとうございます。そして加藤貴之先輩、上井靖さん、西川千雅家元、加藤彰さん、秋山浩一さん、林憲和さん、岩崎正人さん、古田美景さん、People Trees合同会社共同代表の東野敦さんと中谷真紀子さん、そして社内・職場の皆さん、同志としていつも勇気付けていただき、ありがとうございます。励ましと執筆の場をくれた「たと珈琲」のマスター、そして何より親愛なる父母はじめ家族への感謝とともに、『易経』を読みもしないのに今日も楽しそうに暮らしている妻の姿を見るにつけ、筆者にとっての「最強の教え」とは、もしかしたらこの人かもしれないと目を細めながらも、いつかきっとこの本を読んでくれることを祈りつつ……。

そして『易経』が、より良い未来をつくる方々の勇気となることを心から願いつつ。

二〇二三年五月一五日の美しい空の下、第一稿を書き上げた自宅にて

小椋浩一　拝

参考書籍

・『人生に生かす易経』竹村亞希子／致知出版社
・『経営に生かす易経』竹村亞希子／致知出版社
・『「易経」一日一言』竹村亞希子／致知出版社
・『超訳易経 陰』竹村亞希子／新泉社
・『超訳易経 陽』竹村亞希子／新泉社
・『春の来ない冬はない 時の変化の法則の書「易経」のおしえ』竹村亞希子／実業之日本社
・『易経』高田眞治、後藤基巳 訳／岩波書店
・『易の世界』加地伸行／中央公論社
・『易経講話』公田連太郎／明徳出版社
・『易學大講座』加藤大岳／紀元書房
・『易』本田濟／朝日新聞出版
・『易経（中国の思想）』竹内好、松枝茂夫 監修／丸山松幸 訳／徳間書店
・『易占の神秘』熊崎健翁 著／加藤大岳 校訂／紀元書房
・『論語』加地伸行／講談社
・『韓非子 悪とは何か』加地伸行／産経新聞出版
・『真説「陽明学」入門―黄金の国の人間学』林田明大／三五館
・『世界最高の人生哲学 老子』守屋洋／SBクリエイティブ
・『孫子の兵法』守屋洋／三笠書房
・『史記』司馬遷／筑摩書房
・『貞観政要』守屋洋／筑摩書房
・『最高の戦略教科書 孫子』守屋淳／日本経済新聞社

・『男子一日に百戦す―韓非子』岡本隆三／プレジデント社
・『日本の歴史をよみなおす』網野善彦／筑摩書房
・『歴史を考えるヒント』網野善彦／新潮社
・『新釈古事記伝』阿部國治／致知出版社
・『一休禅師の発想』公方俊良／三笠書房
・『一休宗純『狂雲集』再考』芳澤勝弘／春秋社
・『白隠 禅画の世界』芳澤勝弘／KADOKAWA
・『白隠禅画をよむ―面白うてやがて身にしむその深さ』芳澤勝弘／ウェッジ
・『西郷南洲遺訓：付 手抄言志録及遺文』山田済斎 編集／岩波書店
・『留魂録』吉田松陰 著 古川薫 訳／徳間書店
・『「言志四録」心の名言集』佐藤一斎 著／久須本文雄 訳／細川景一 編集／講談社
・『代表的日本人』内村鑑三 著／鈴木範久 訳／岩波書店
・『覚悟の磨き方 超訳 吉田松陰』池田貴将／サンクチュアリ出版
・『写真家大名・徳川慶勝の幕末維新』NHKプラネット中部 著／日本放送出版協会
・『幕末尾張藩の深慮遠謀―御三家筆頭の尾張が本当に何もしていなかったのか』渡辺博史／ブックショップマイタウン
・『教科書には載っていない！ 幕末の大誤解』熊谷充晃／彩図社
・『忘れられた日本人』宮本常一／岩波書店
・『日本人の人生観』山本七平／講談社
・『「空気」の研究』山本七平／文藝春秋
・『修身教授録』森信三／致知出版社
・『京急沿線の近現代史』小堀聡／クロスカルチャー出版
・『日本のエネルギー革命―資源小国の近現代』小堀聡／名古屋大学出版会
・『日本の電子部品産業―国際競争優位を生み出したもの』中島裕喜／名古屋大学出版会
・『マネジメント務め、責任、実践Ⅲ』ピーター・ドラッカー 著／有賀裕子 訳／日経BP
・『ハイ・フライヤー―次世代リーダーの育成法』モーガン マッコール 著／金井壽宏 監訳／リクルートワークス研究所 訳／プレジデント社
・『マネジャーの仕事』ヘンリー・ミンツバーグ 著／奥村哲史、須貝栄 訳／白桃書房

・『戦略サファリ 第2版』ヘンリー・ミンツバーグ、ブルース・アルストランド、ジョセフ・ランペル 著／齋藤嘉則 監訳／東洋経済新報社
・『組織文化とリーダーシップ』エドガー・シャイン 著／梅津祐良、横山哲夫 訳／白桃書房
・『最前線のリーダーシップ』マーティ・リンスキー、ロナルド・A・ハイフェッツ 著／竹中平蔵 監訳／ファーストプレス
・『両利きの経営』チャールズ・A・オライリー、マイケル・L・タッシュマン 著／入山章栄 監訳・解説／冨山和彦 解説／渡部典子 訳／東洋経済新報社
・『世界標準の経営理論』入山章栄／ダイヤモンド社
・『予測不能の時代 データが明かす新たな生き方、企業、そして幸せ』矢野和男／草思社
・『人事管理――人と企業、ともに活きるために』平野光俊、江夏幾多郎／有斐閣
・『人事評価の「曖昧」と「納得」』江夏幾多郎／NHK出版
・『仕事で「一皮むける」 関経連「一皮むけた経験」に学ぶ』金井壽宏／光文社
・『日本企業の人材形成』小池和男／中央公論社
・『ホワイトカラーの人材形成 日米英独の比較』小池和男、猪木武徳 編著／東洋経済新報社
・『組織開発の探究 理論に学び、実践に活かす』中原淳、中村和彦／ダイヤモンド社
・『知識創造の経営 日本企業のエピステモロジー』野中郁次郎／日本経済新聞社
・『DX時代のセミナー講師スキルアップ&データ分析・活用講座』加藤貴之／日本法令
・『人事・総務担当者のためのハラスメント研修設計・実践ハンドブック』加藤貴之／日本法令
・『ストレス解消ハンドブック』加藤貴之／PHP研究所
・『こうして社員は、やる気を失っていく』松岡保昌／日本実業出版社
・『ファシリテーション入門』堀公俊／日本経済新聞出版
・『ファシリテーションとは何か―コミュニケーション幻想を超えて』井上義和、牧野智和 編著／中野民夫、中原淳、中村和彦、田村哲樹、小針誠、元濱奈穂子 著／ナカニシヤ出版
・『プロセス・エデュケーション 学びを支援するファシリテーションの理論と実際』津村俊充／金子書房
・『「60分」図解トレーニング ロジカル・ファシリテーション』加藤彰／PHP研究所
・『問いのデザイン 創造的対話のファシリテーション』安斎勇樹、塩瀬隆之／学芸出版社
・『マーケティングを学んだけれど、どう使えばいいかわからない人へ』西口一希／日本実業出版社
・『生き方』稲盛和夫／サンマーク出版
・『稲盛和夫の実学―経営と会計』稲盛和夫／日本経済新聞出版

・『京セラフィロソフィ』稲盛和夫／サンマーク出版
・『絆徳経営のすゝめ～１００年続く一流企業は、なぜ絆と徳を大切にするのか？～』清水康一朗／フローラル出版
・『栗山ノート』栗山英樹／光文社
・『今をどう生きるか　あなたを変える〝和〟のちから』福島祥郎、椎名勲／日刊工業新聞社
・『幸せがずっと続く12の行動習慣』ソニア・リュボミアスキー　著／渡辺誠　監修／金井真弓　訳／日本実業出版社
・『幸福寿命　ホルモンと腸内細菌が導く１００年人生』伊藤裕／朝日新聞出版
・『失楽園』ミルトン　著／平井正穂　訳／岩波書店
・『臓器の時間』伊藤裕／祥伝社
・『運を超えた本当の強さ』桜井章一／日本実業出版社
・『「自然体」がいちばん強い』桜井章一／日本実業出版社
・『ミライの授業』瀧本哲史／講談社
・『武器としての交渉思考』瀧本哲史／星海社
・『君に友だちはいらない』瀧本哲史／講談社
・『人生がときめく片づけの魔法』近藤麻理恵／サンマーク出版
・『バカと無知』橘玲／新潮社
・『今すぐできる！　今すぐ変わる！「ほめ育」マネジメント』原邦雄／ＰＨＰ研究所

小椋 浩一（おぐら こういち）
1965年名古屋生まれ。易経研究家。某電機メーカー経営企画部プロジェクト・マネジャー。名古屋大学大学院経営学博士課程前期修了。People Trees合同会社パートナー、NPO日本ファシリテーション協会会員などの副業も通じ、広く人材開発に取り組む。早稲田大学商学部卒業後、上記電機メーカーに入社。経営企画、人事を経てマレーシア工場財務部長に。新会社や工場の設立を進め、生産規模を大きく拡大。帰国後は事業部の「従業員満足度」を連続向上させ、会社を「働きがいのある会社ベスト20」に導く。しかしキャリアの絶頂期に新規事業で大損失を出し、居場所を失う。絶望のなか、『易経』研究家の竹村亞希子氏と出会い、人生観が180度変わる。現在、本業では全社横串の次世代リーダー育成を任され、自主参加勉強会は年間1000人規模を超え、社外からも講演・セミナー依頼が急増中。なかでも高校生向け「社会人とは／高校生の今やるべきこととは」出前講演には教師の参加も増え、2023年には1000人、15年間通算では6000人を超え、1年先まで予約が入っている。

人《ひと》を導《みちび》く最強《さいきょう》の教《おし》え『易経《えききょう》』
「人生《じんせい》の問題《もんだい》」が解決《かいけつ》する64の法則《ほうそく》

2023年9月10日 初版発行
2024年4月1日 第5刷発行

著　者　小椋浩一 ©K.Ogura 2023
発行者　杉本淳一

発行所　株式会社日本実業出版社　東京都新宿区市谷本村町3-29 〒162-0845
編集部 ☎03-3268-5651
営業部 ☎03-3268-5161　振　替　00170-1-25349
https://www.njg.co.jp/

印刷・製本／中央精版印刷

ISBN 978-4-534-06033-4 Printed in JAPAN